APPRENDRE A DESSINER

CH B

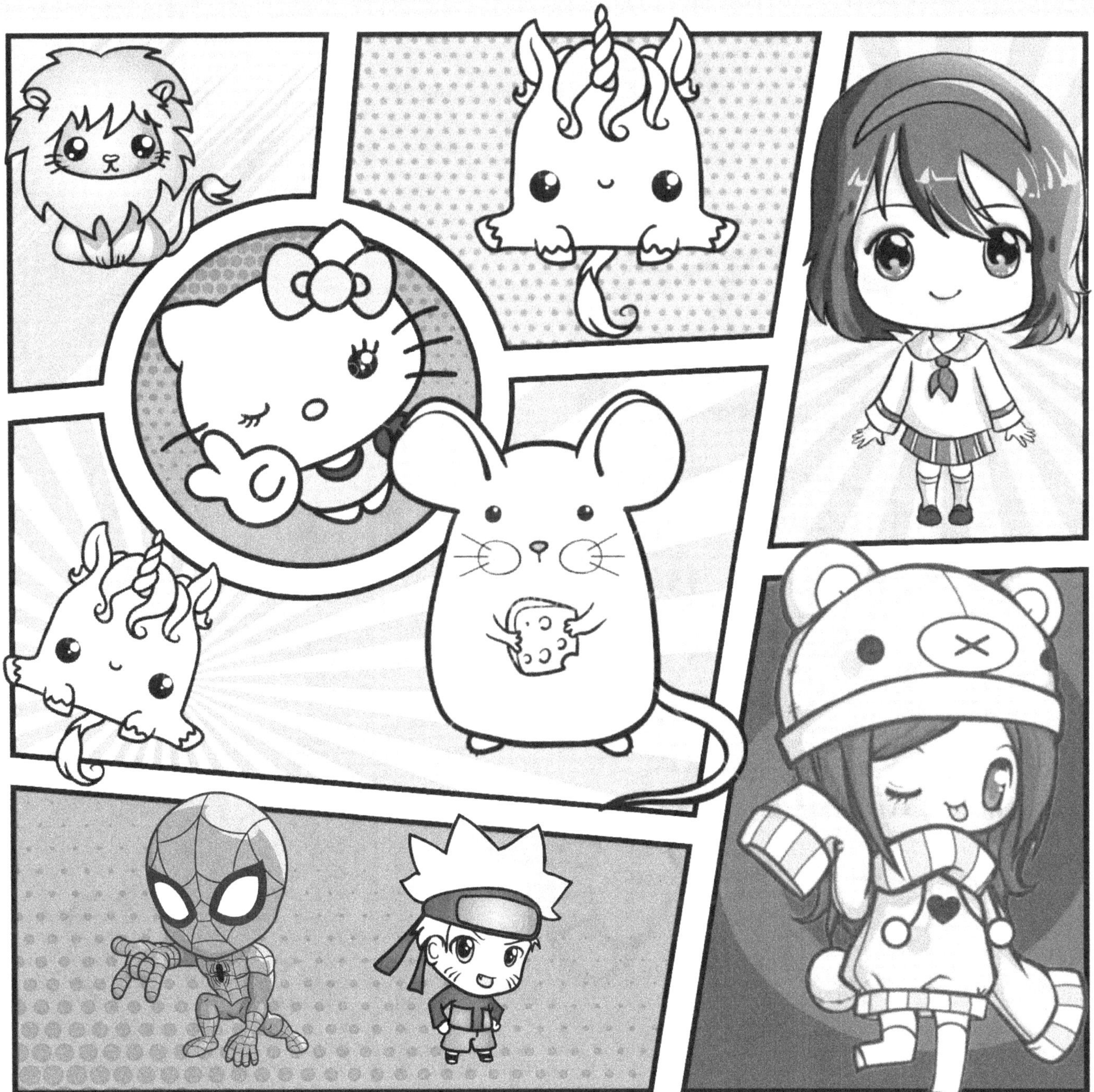

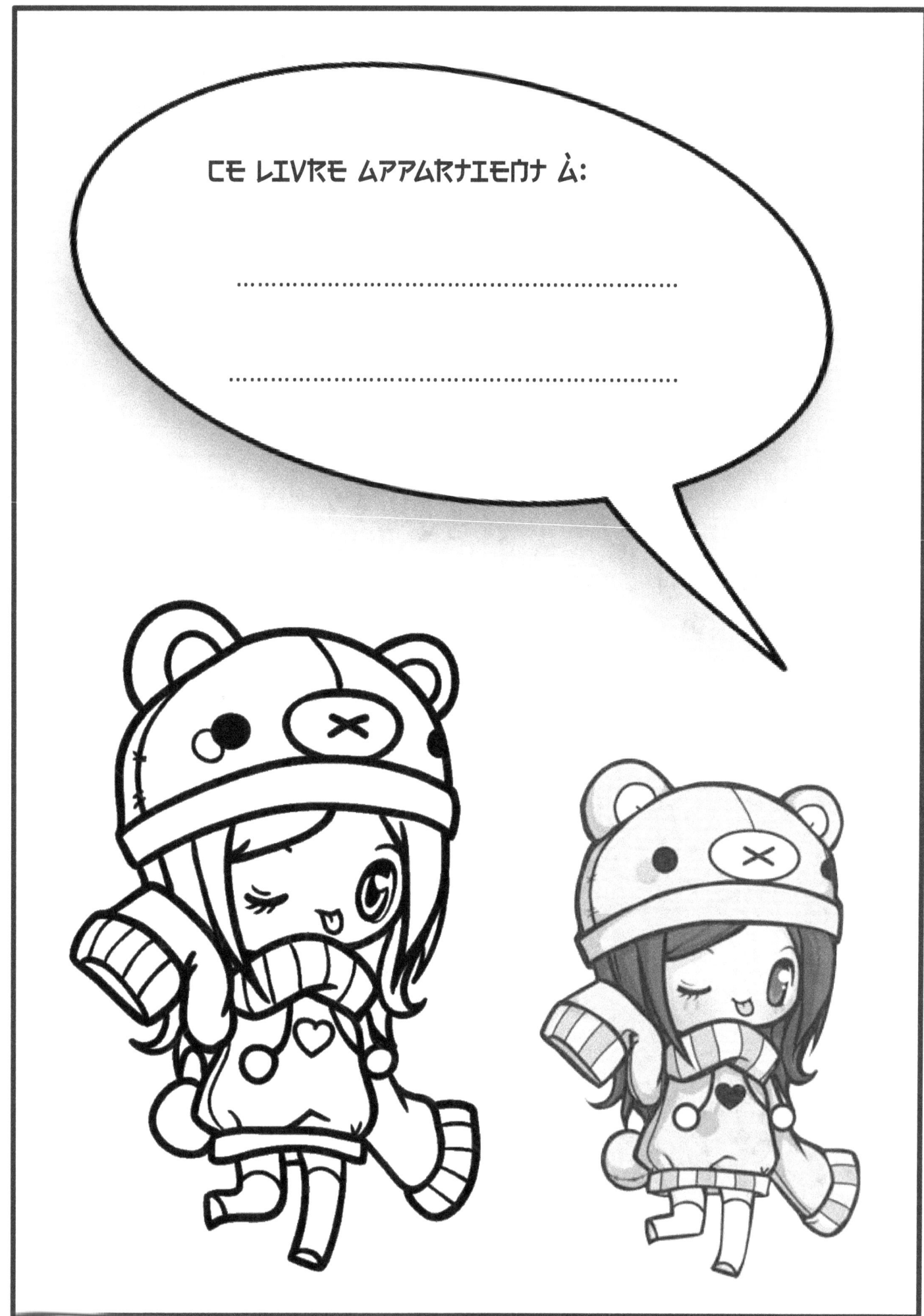

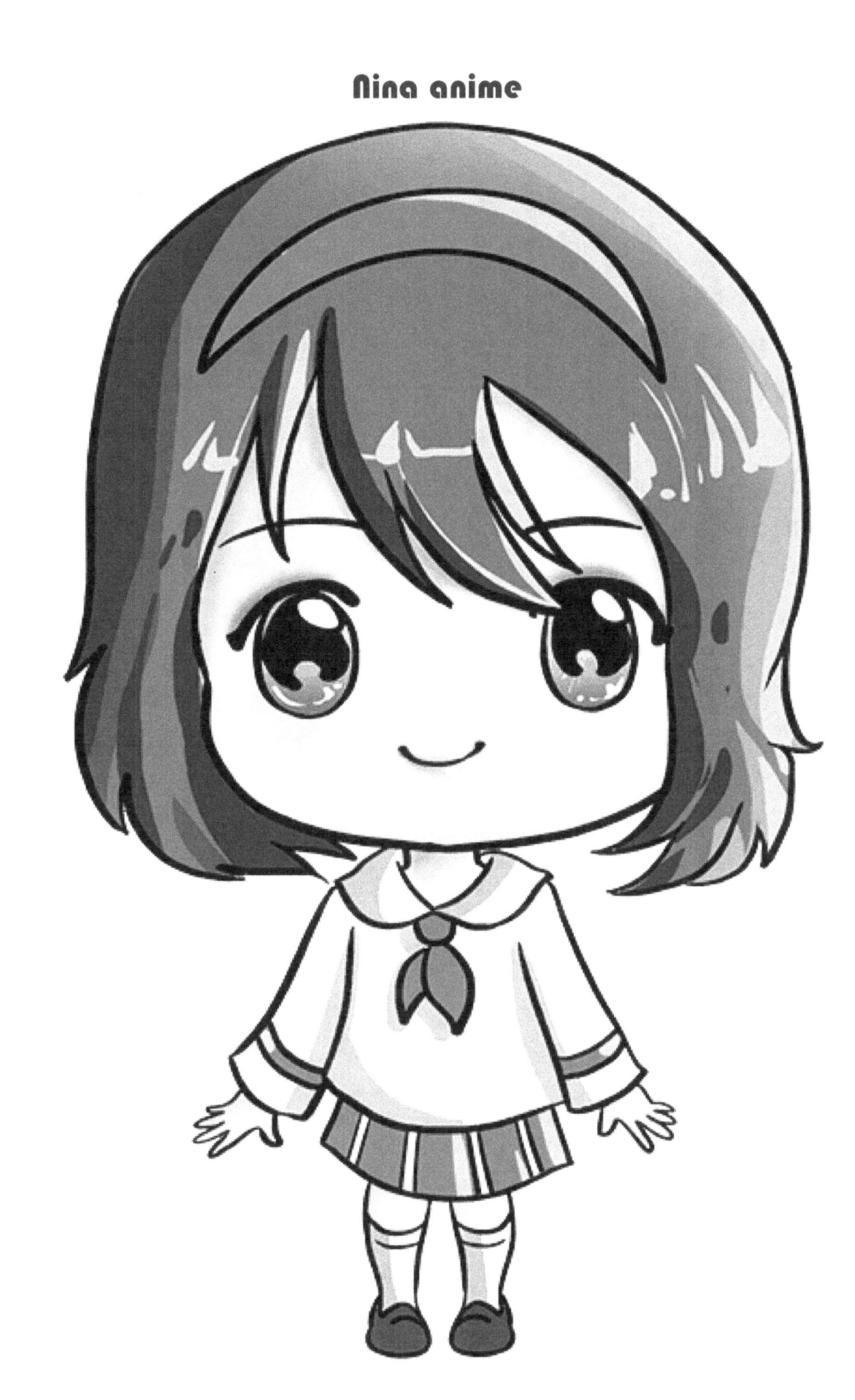

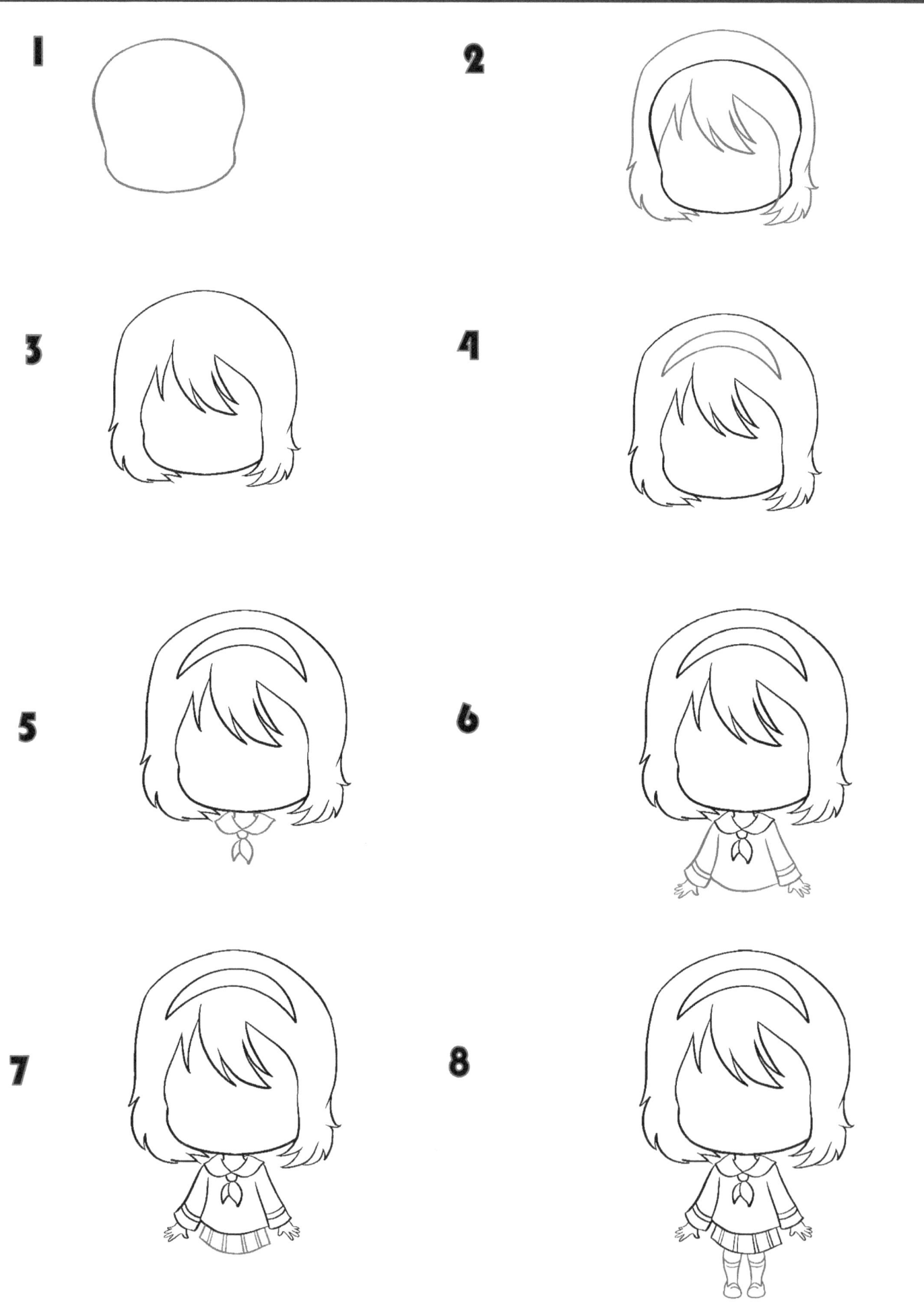

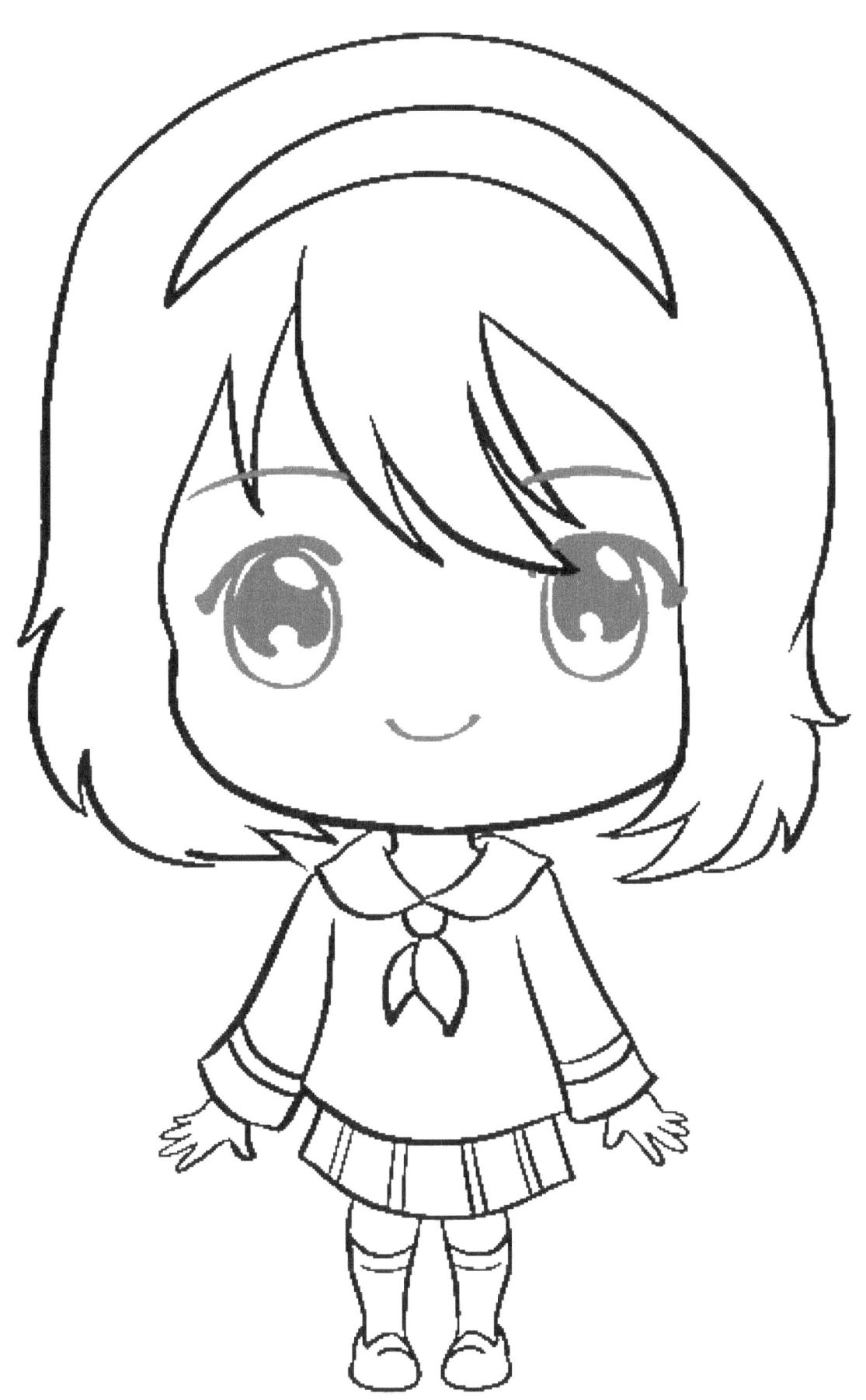

NOUS DESSINONS Nina anime

Spider-Man

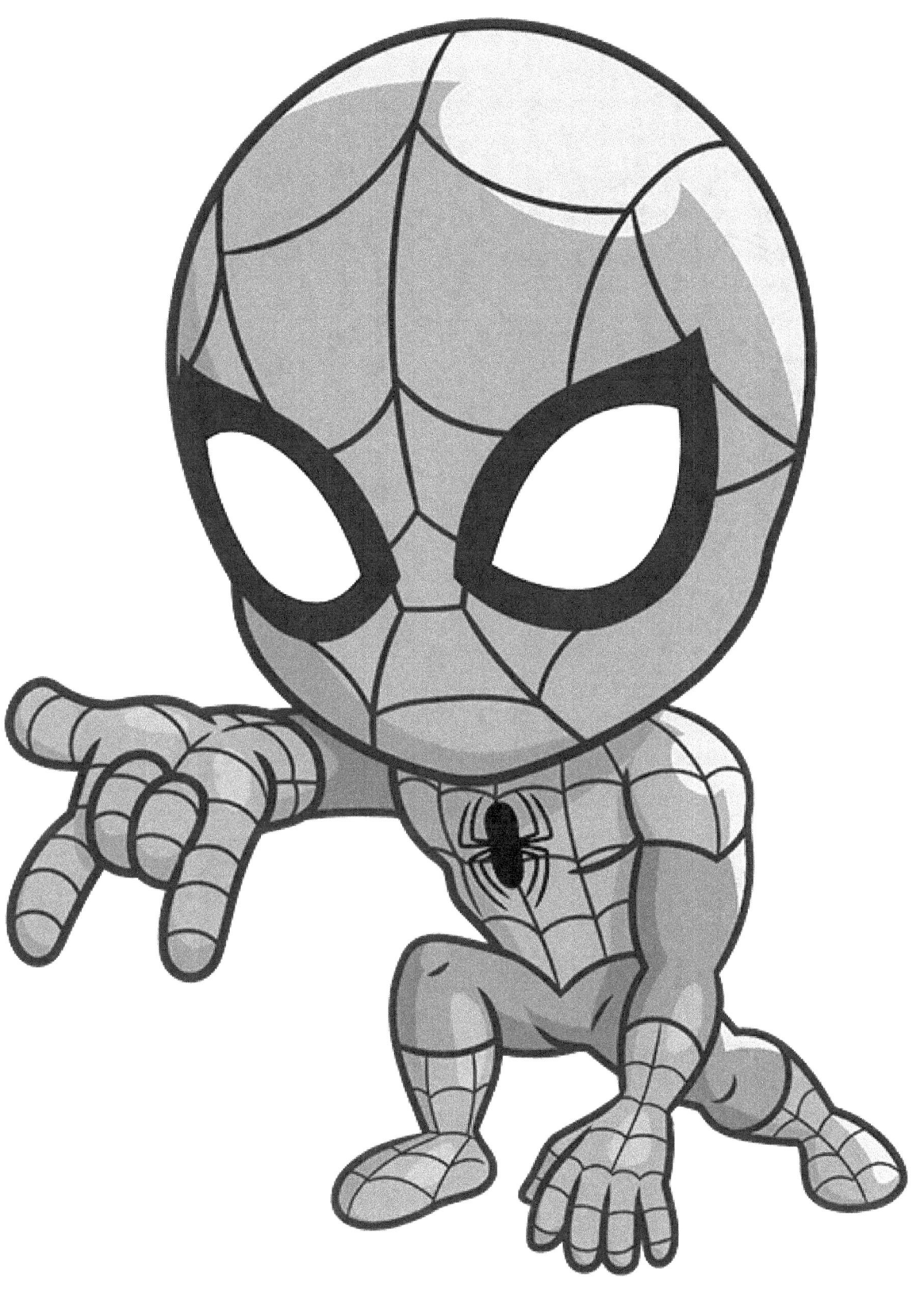

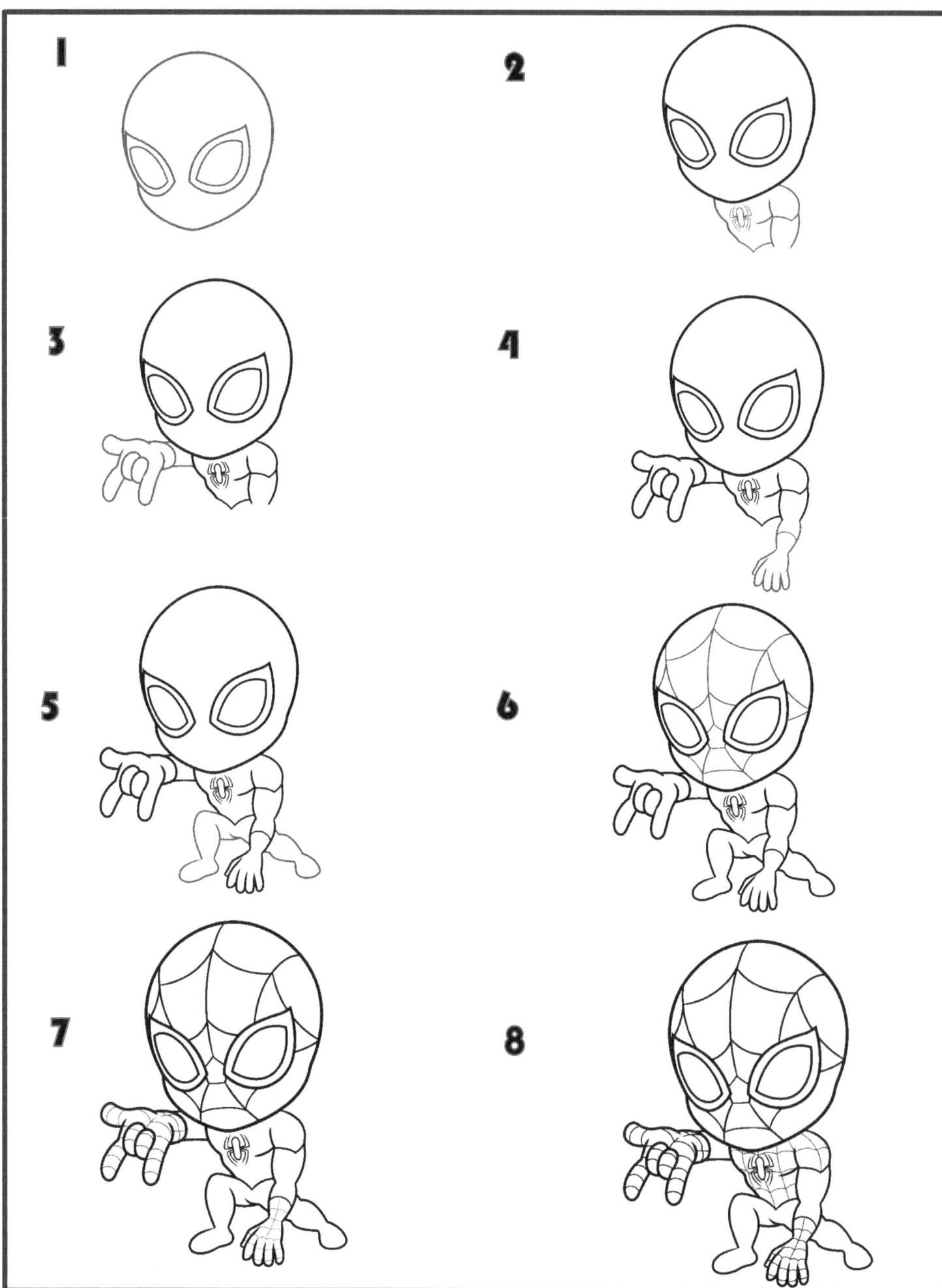

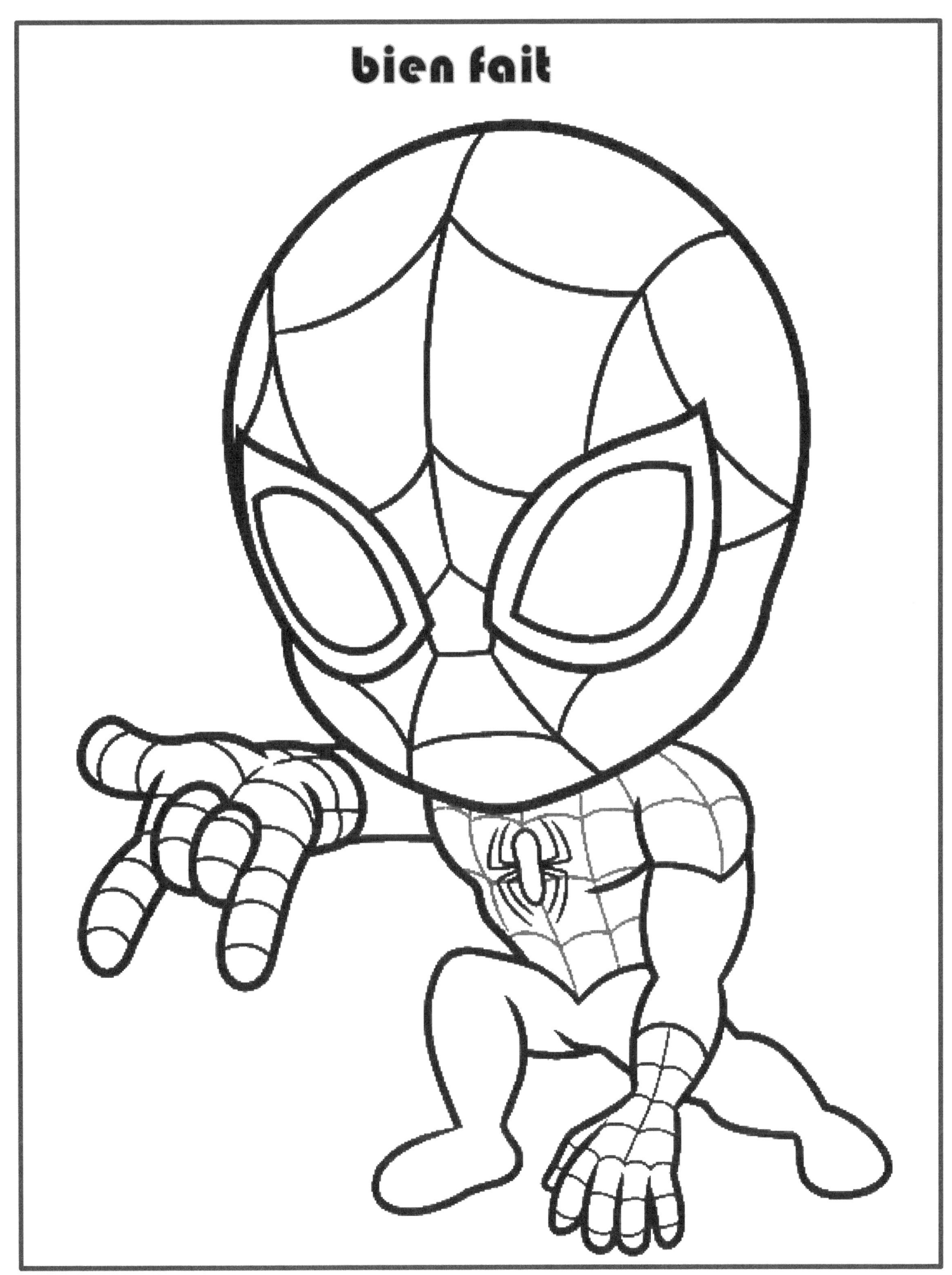

NOUS DESSINONS

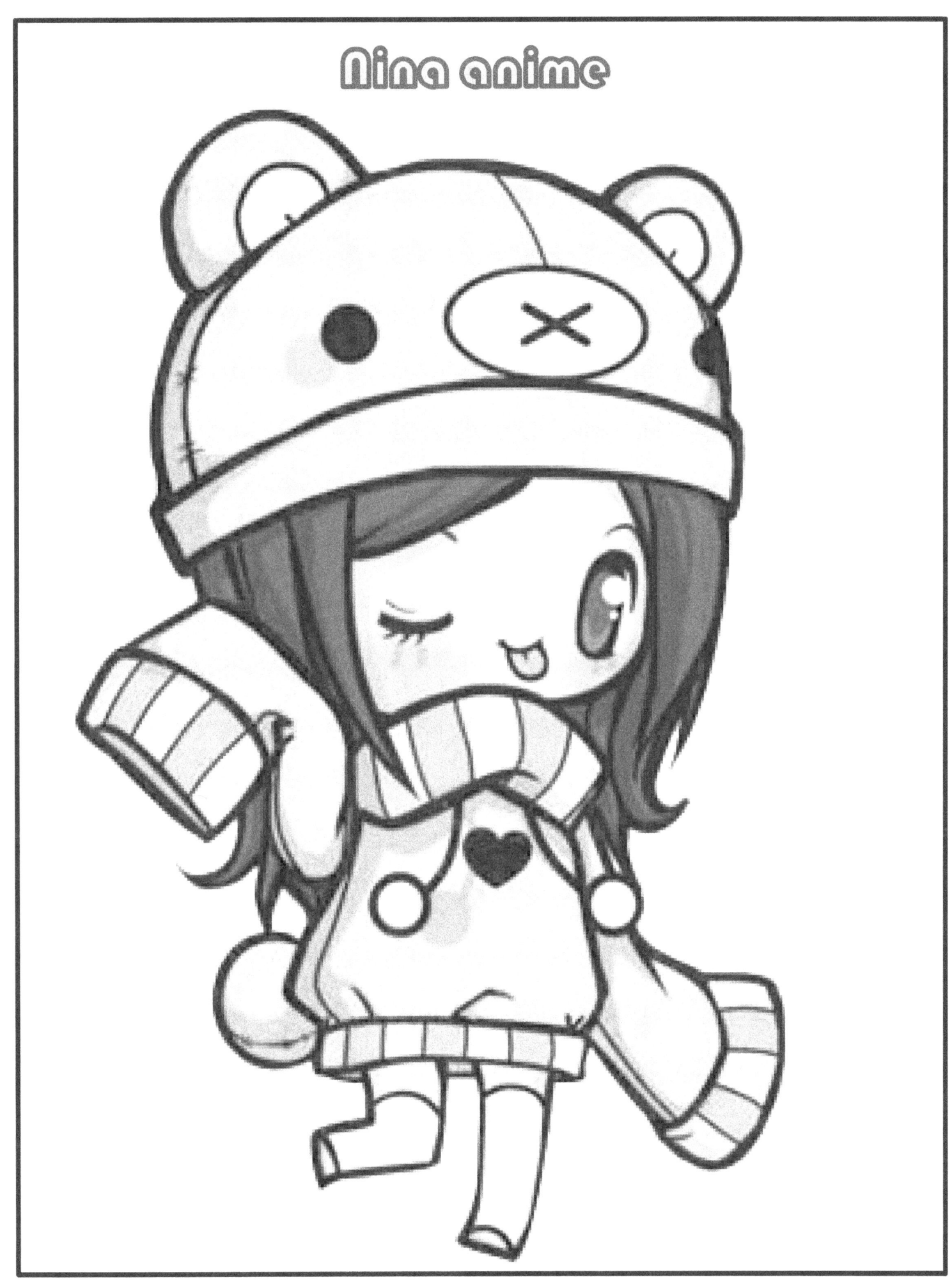

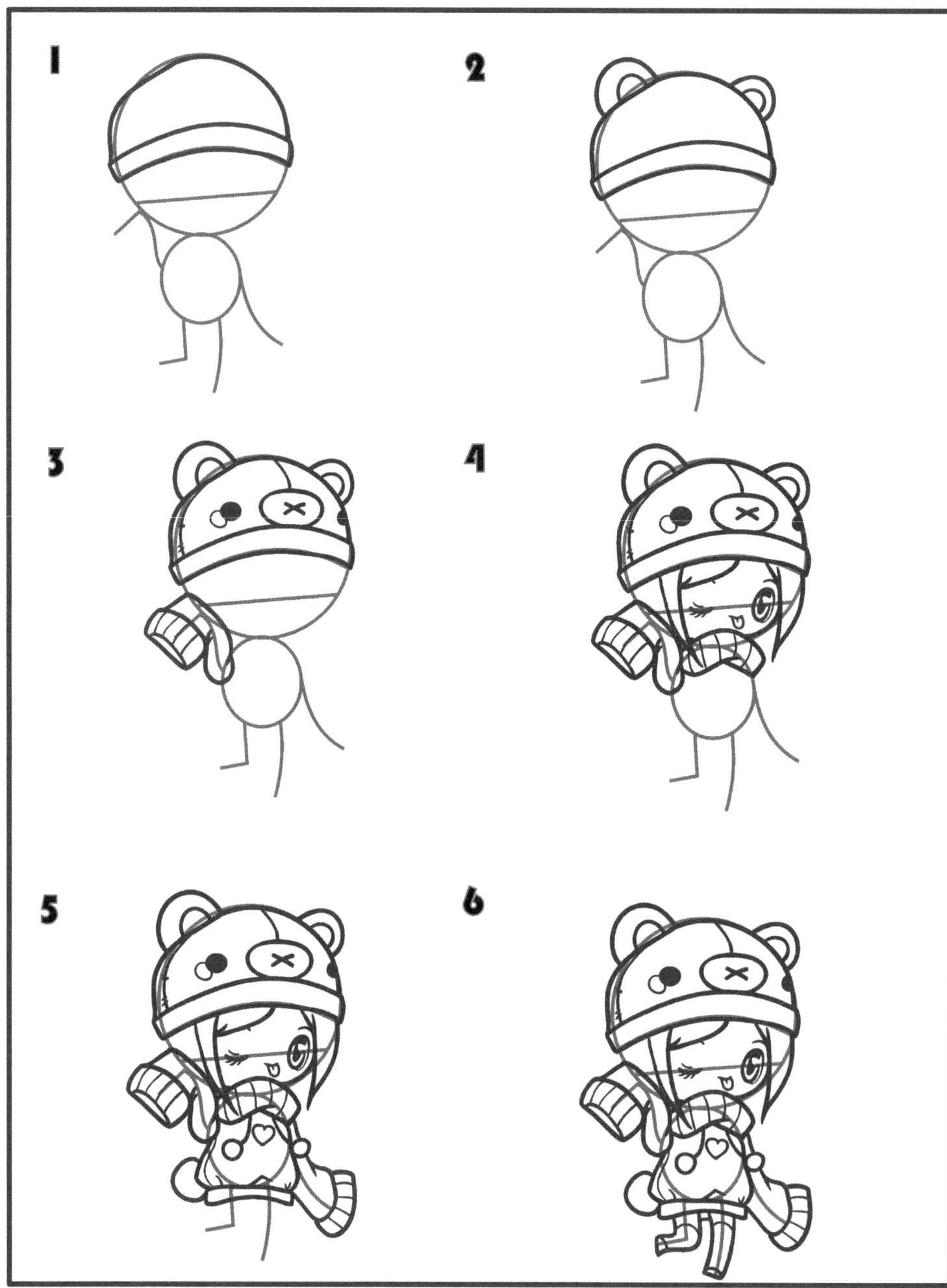

bien fait

NOUS DESSINONS

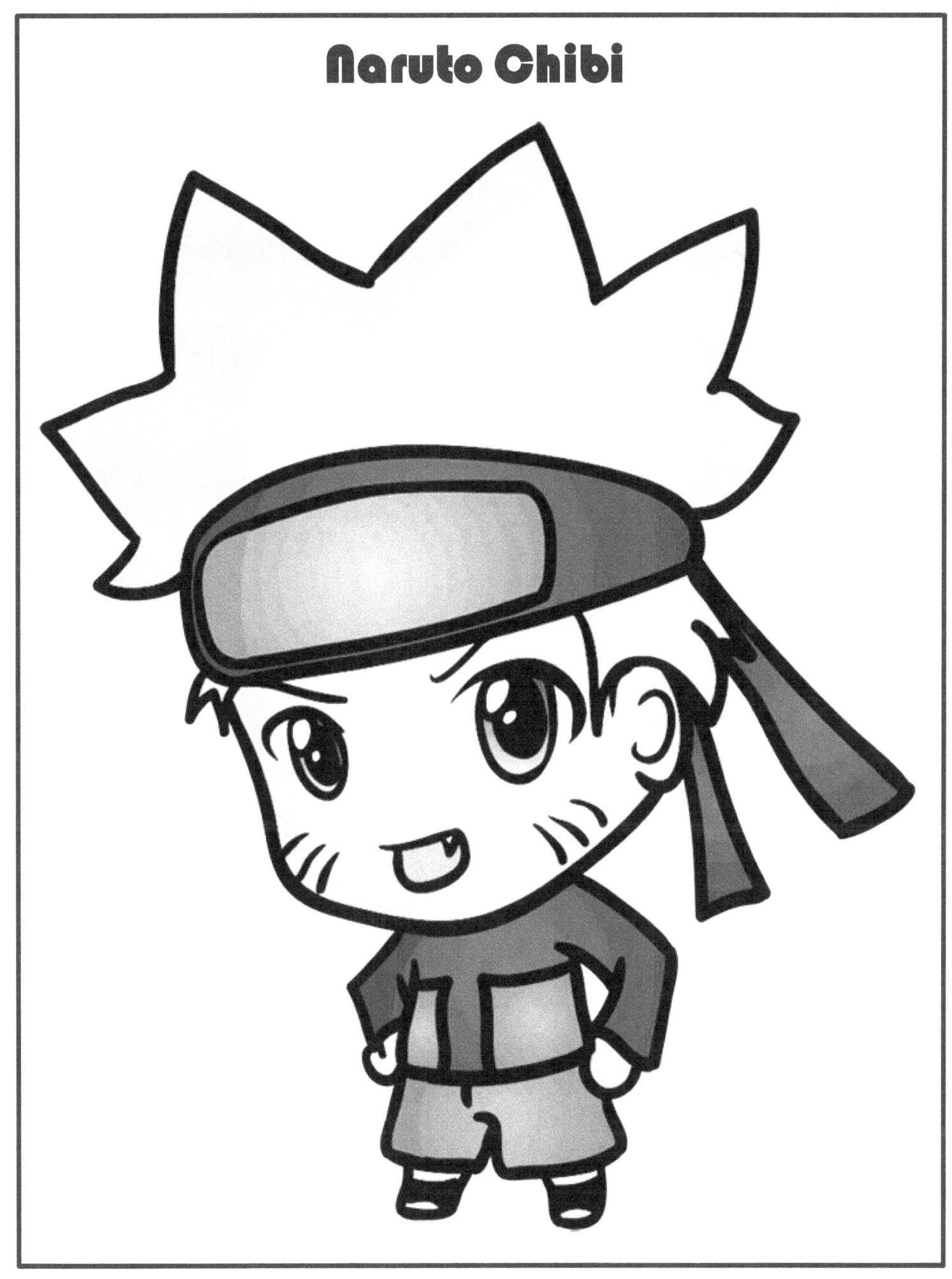

1

2

3

4

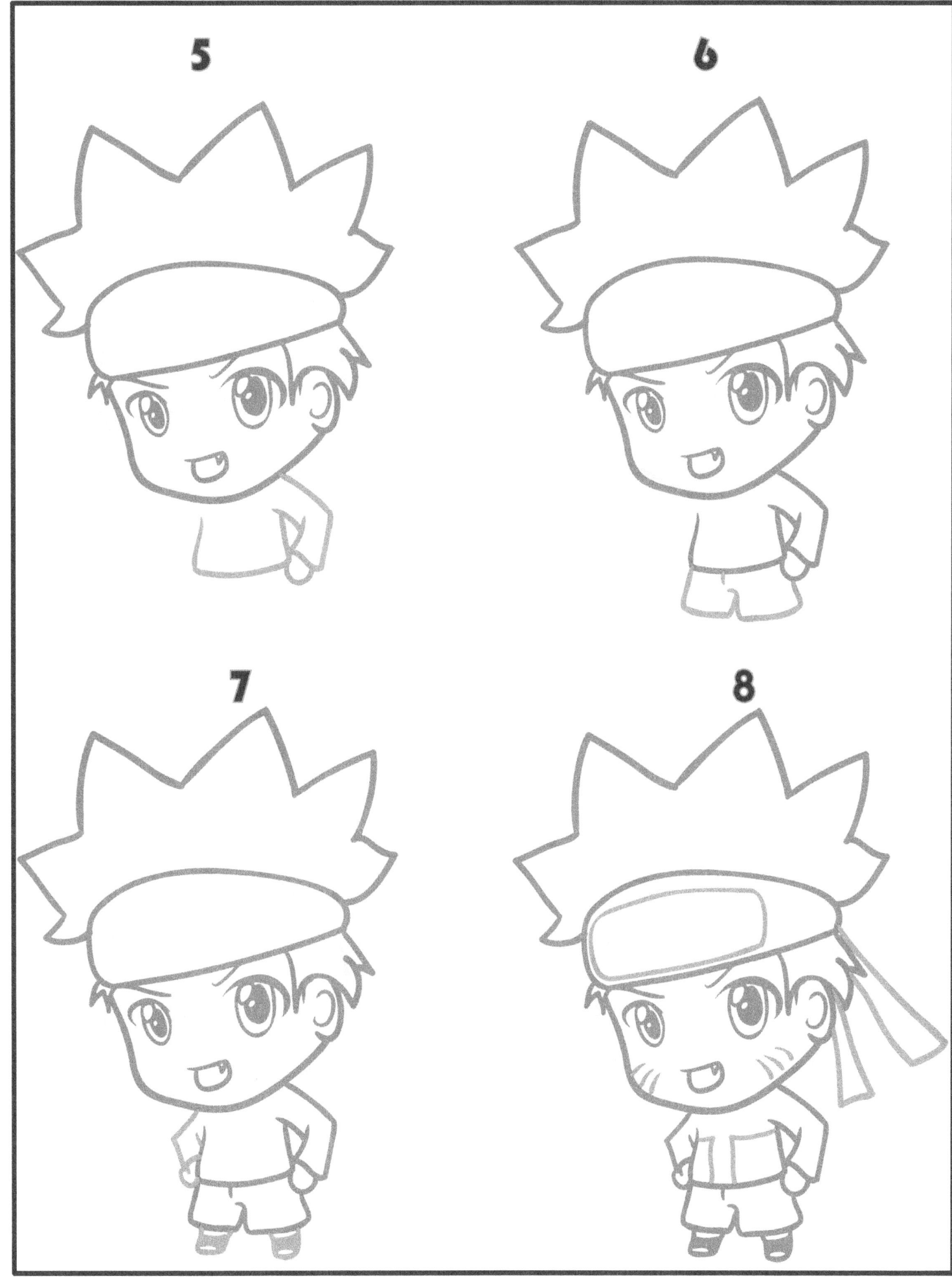

bien fait

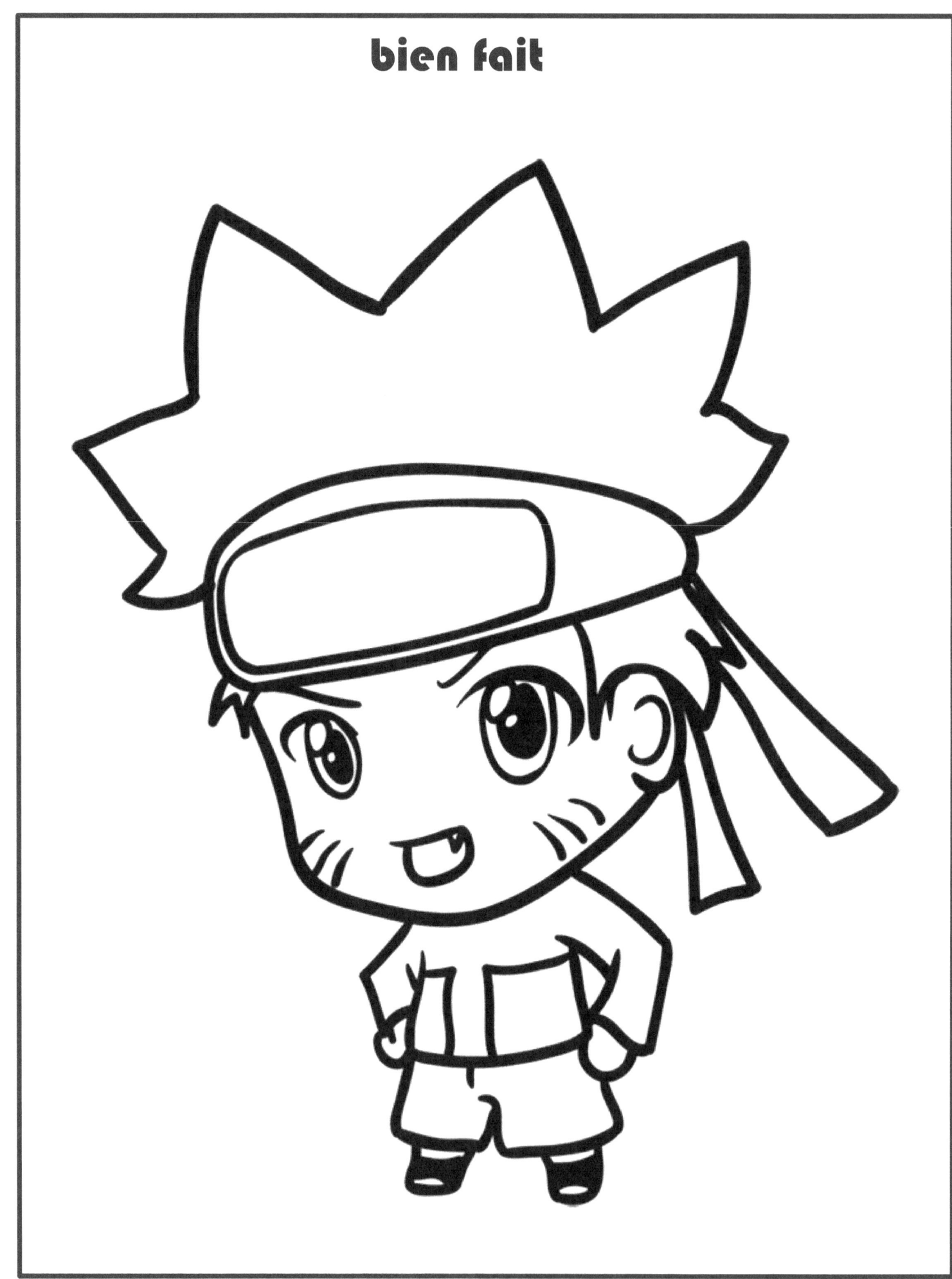

NOUS DESSINONS Naruto Chibi

monkey

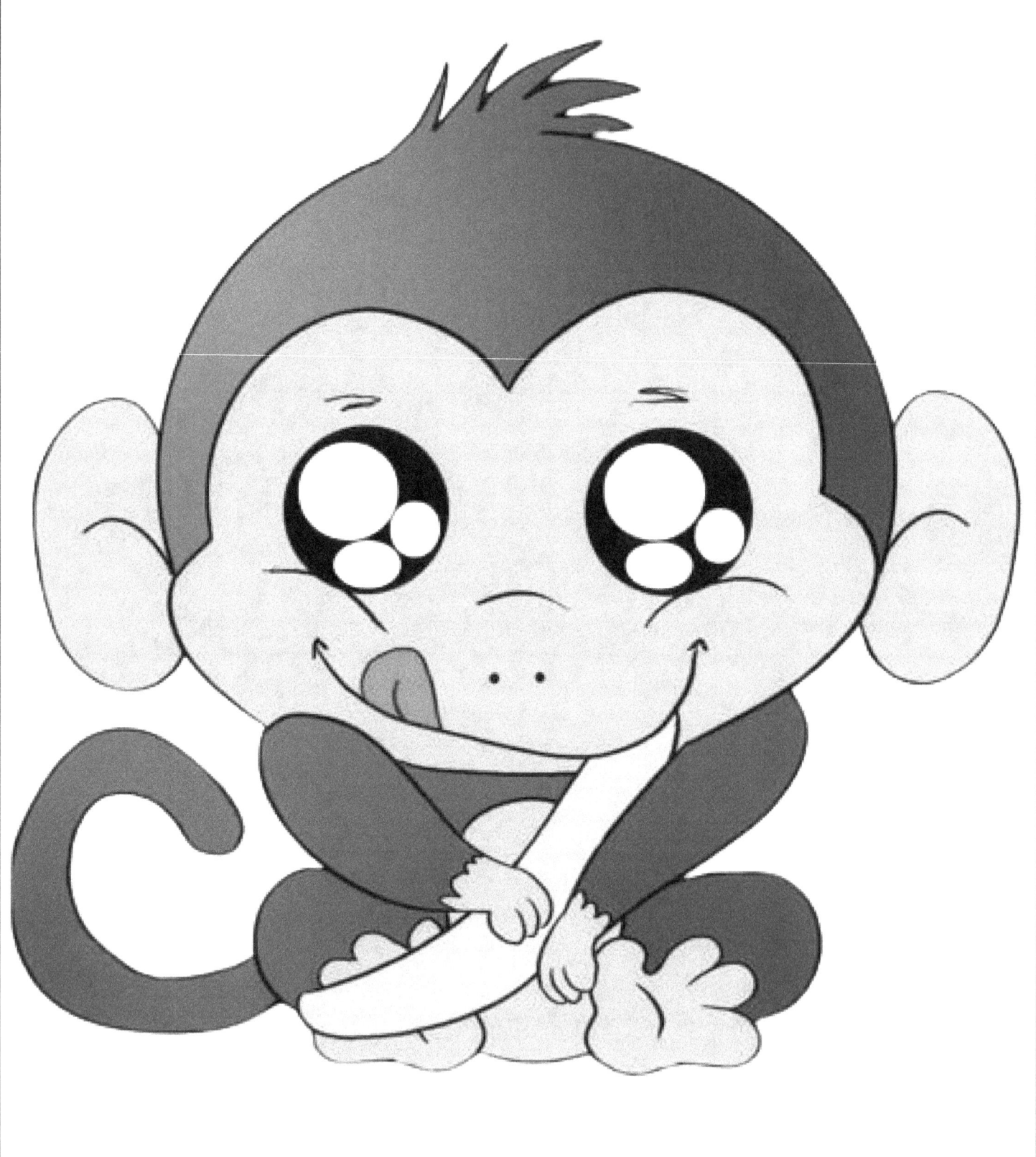

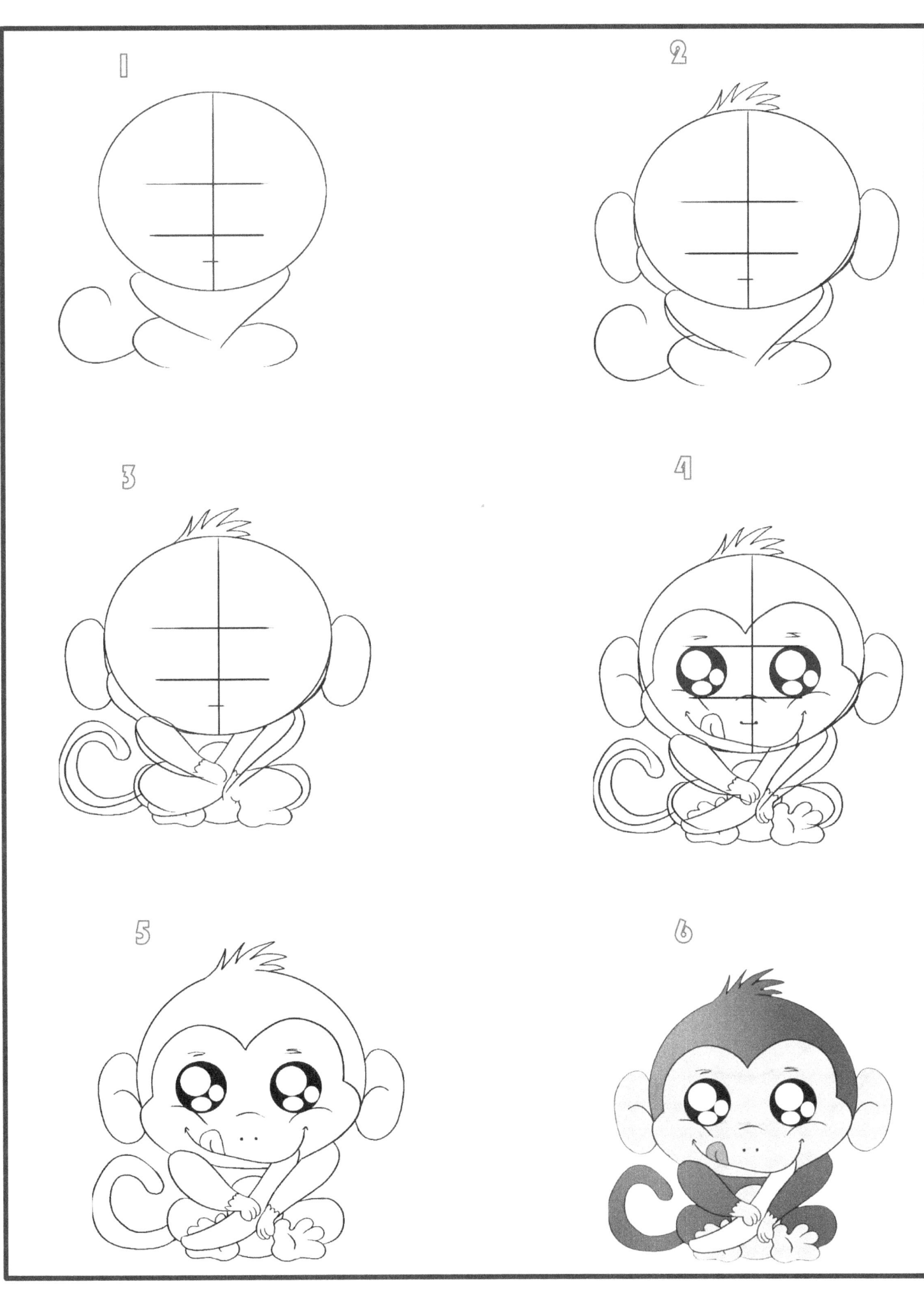

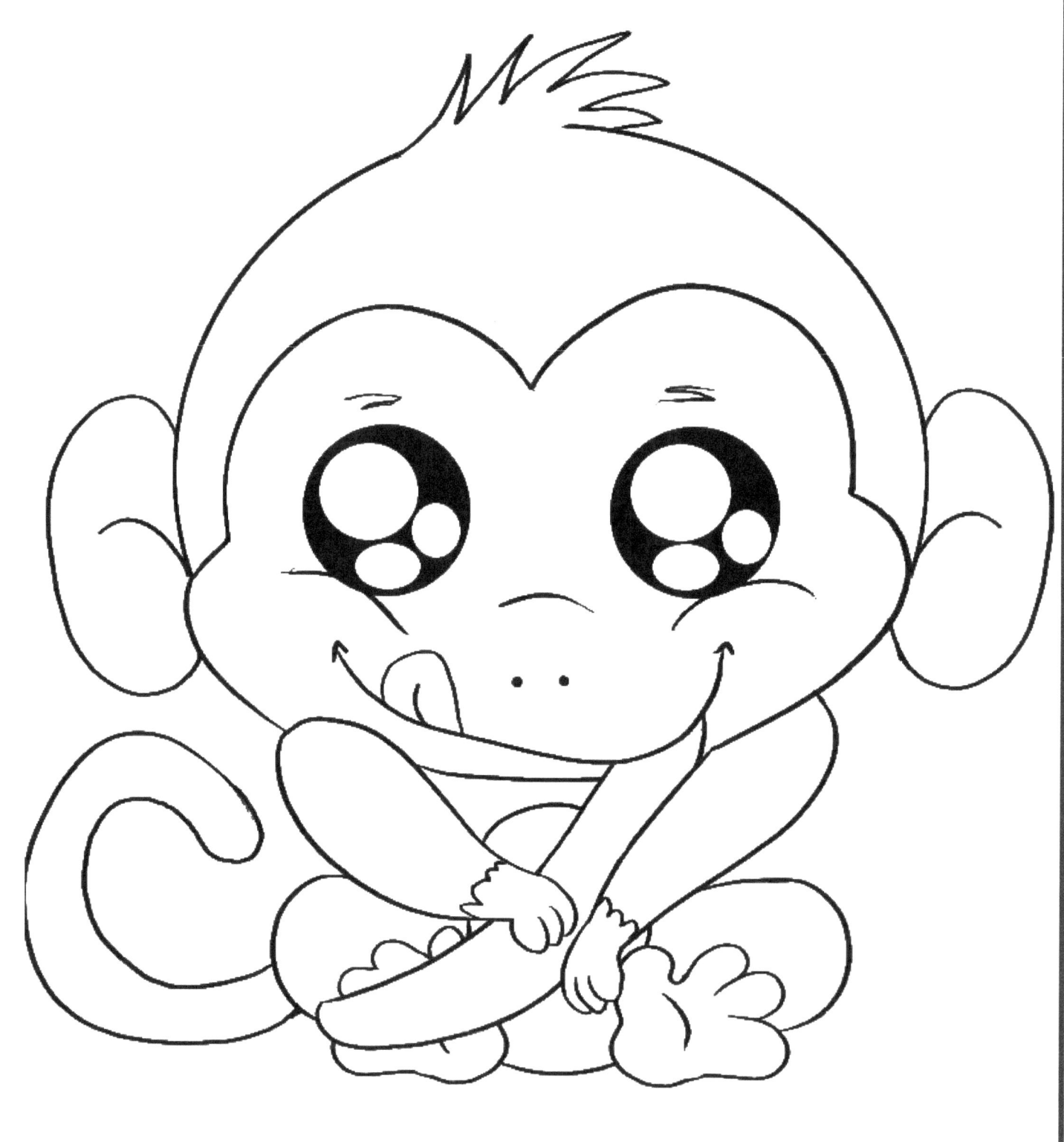

NOUS DESSINONS

creeper-CHIBI

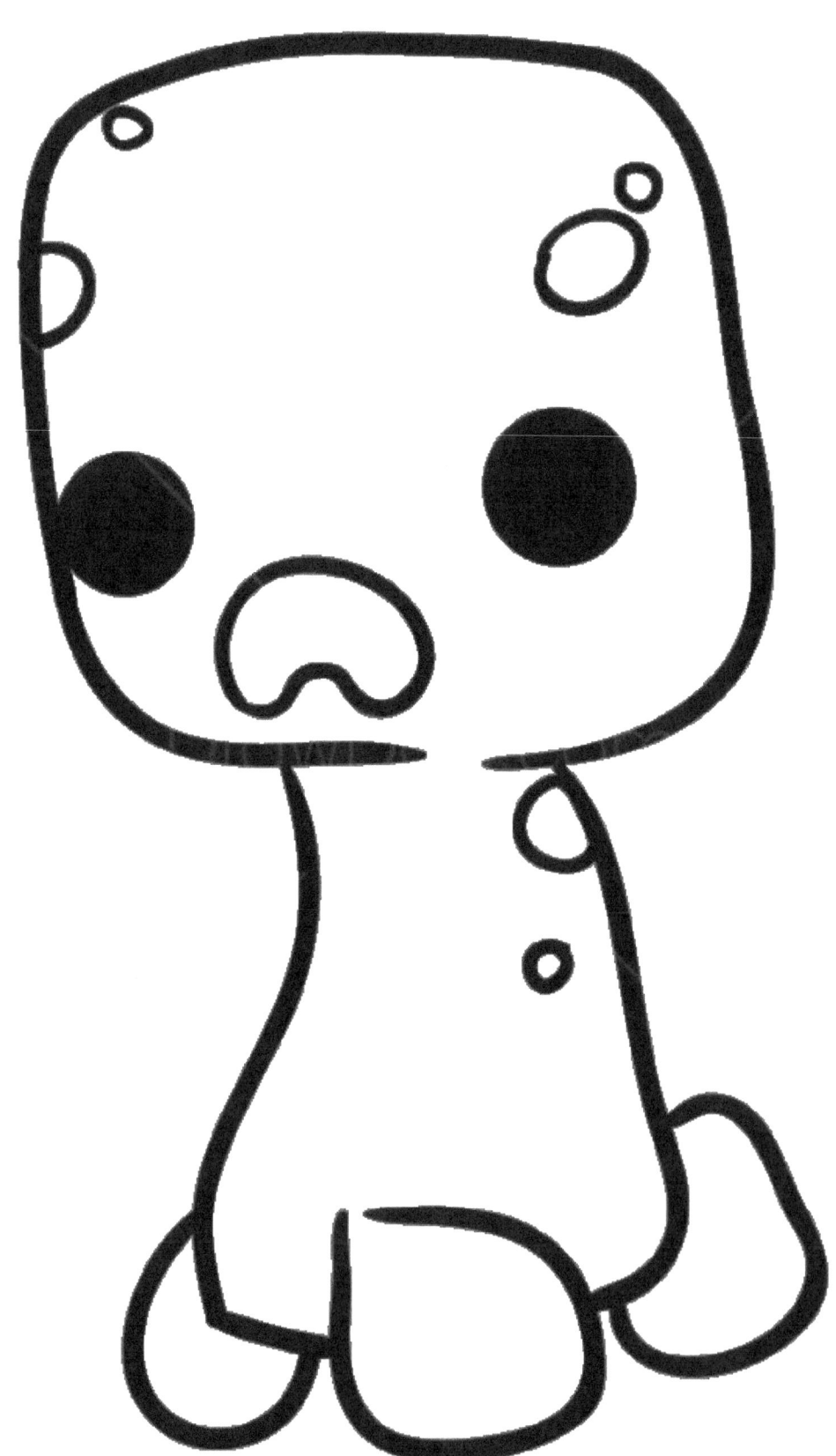

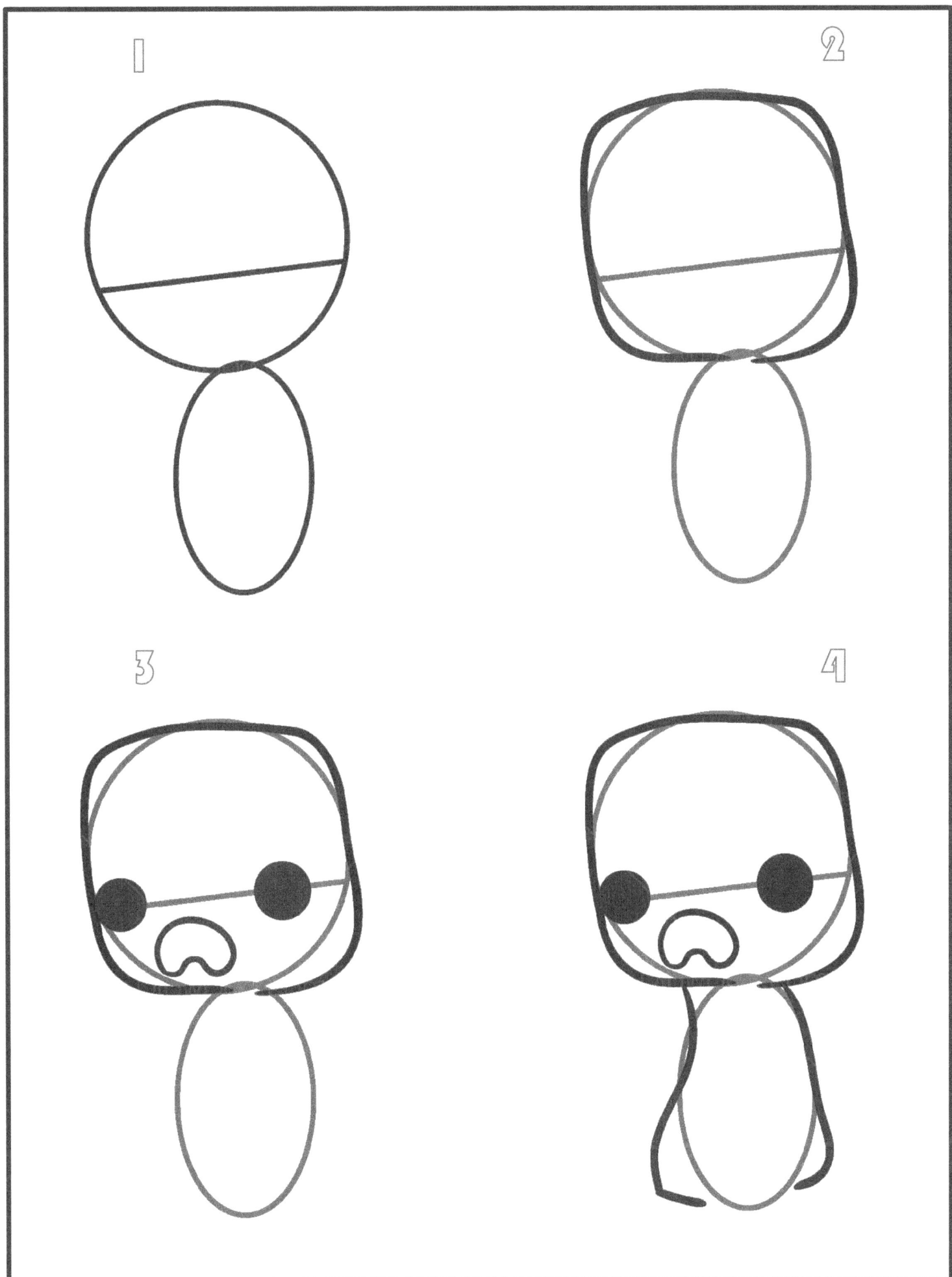

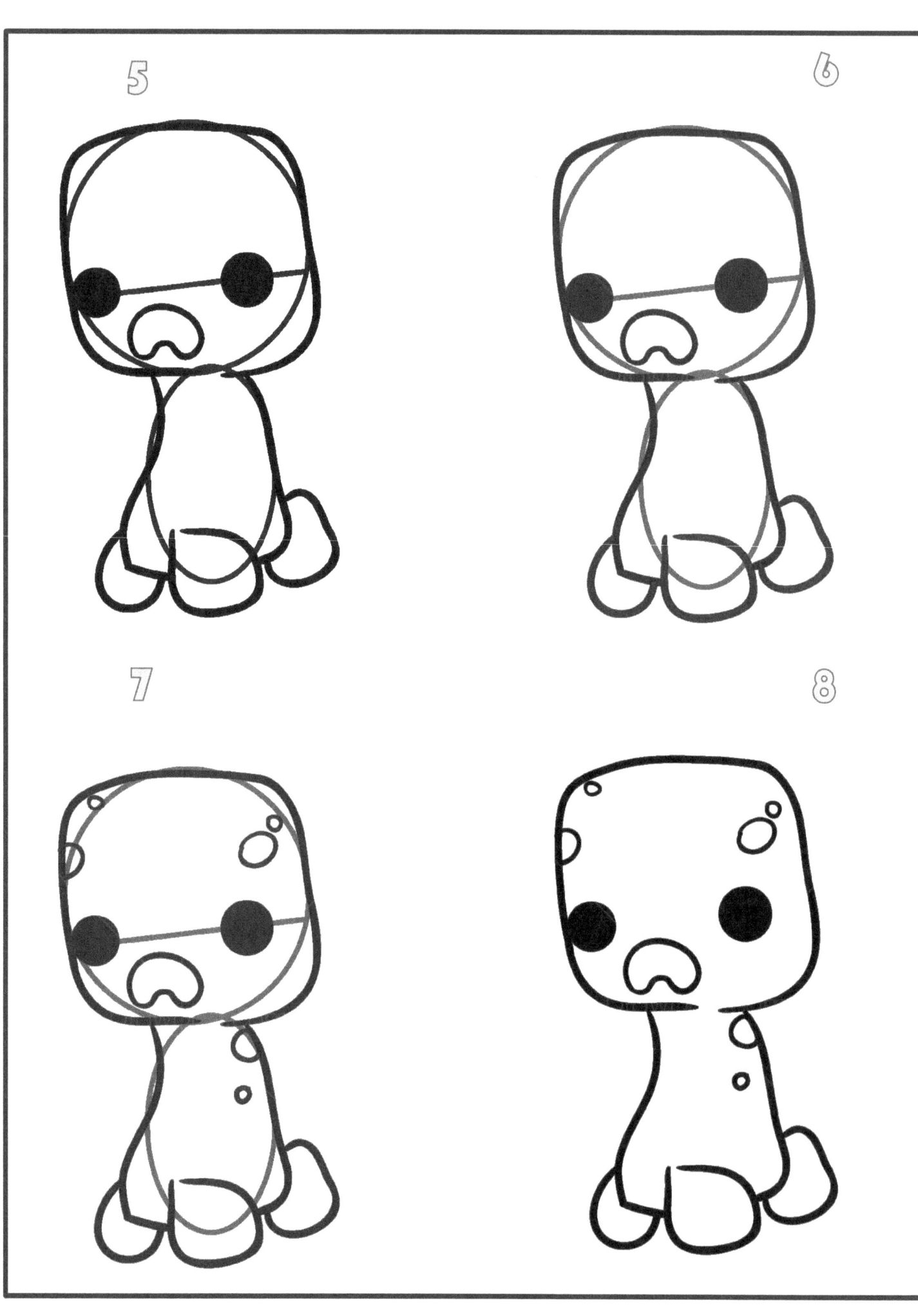

bien fait

NOUS DESSINONS

Elvish Unicorn

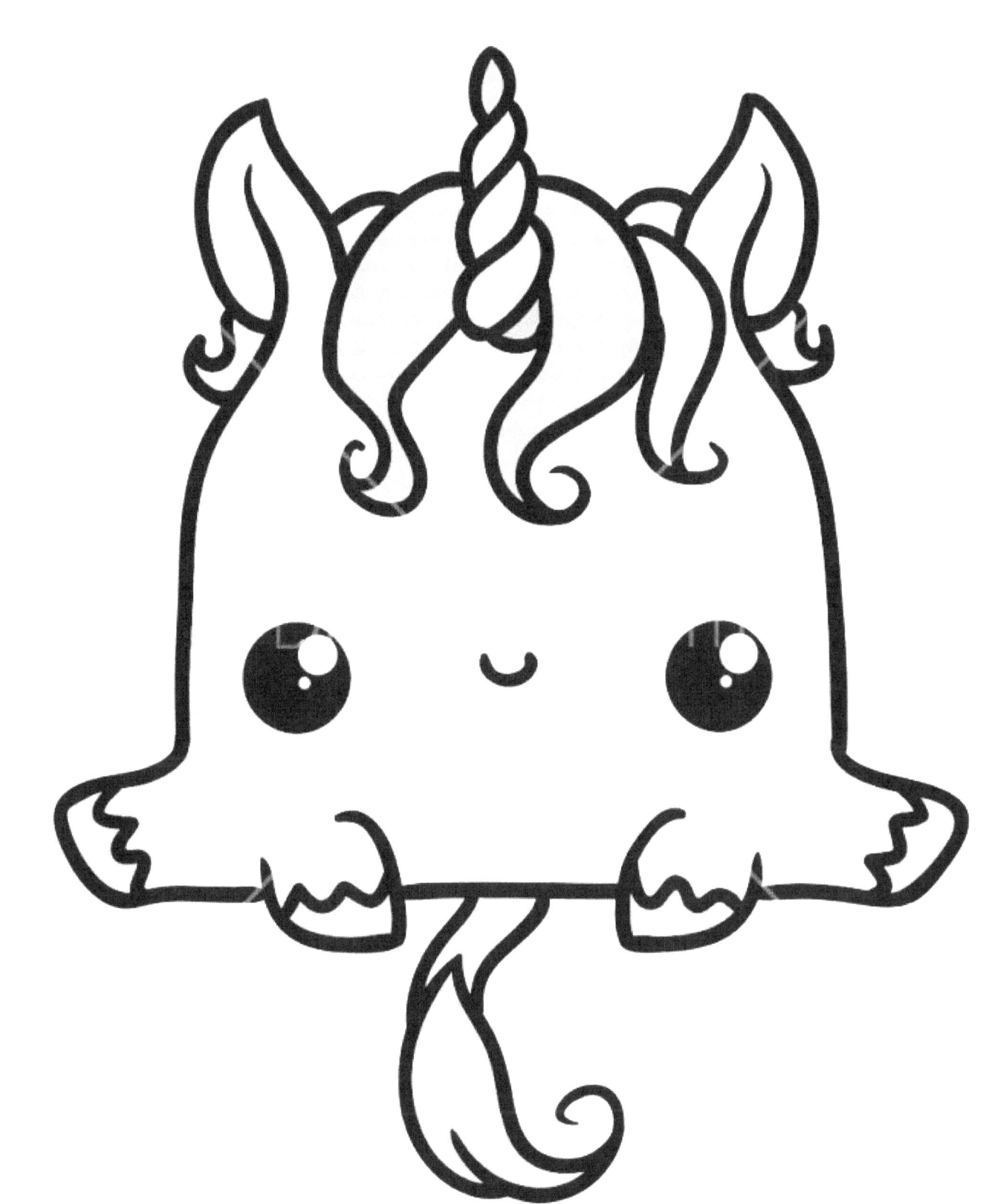

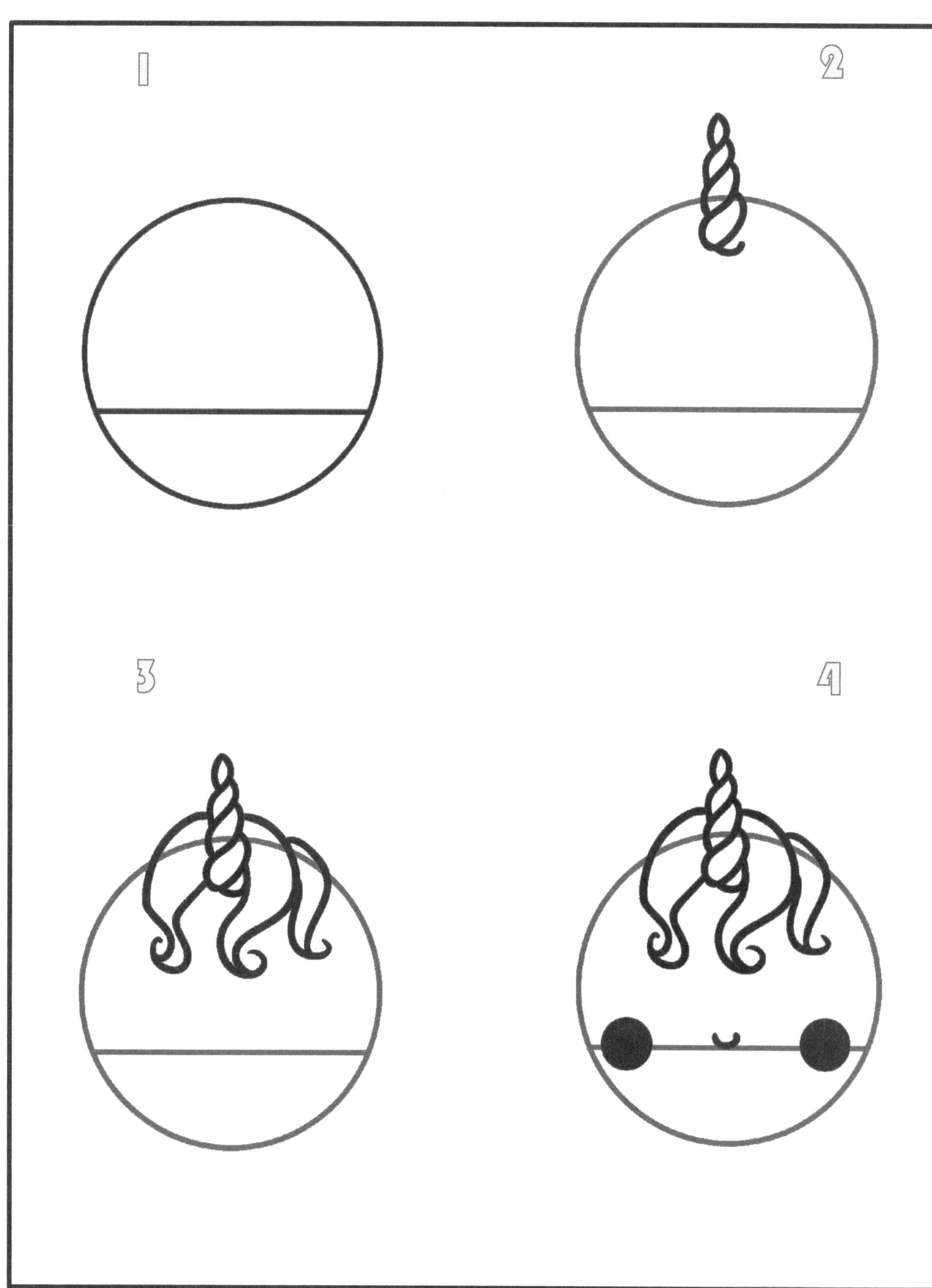

5

6

7

8

bien fait

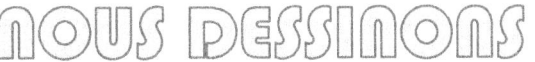
NOUS DESSINONS

Family of owls

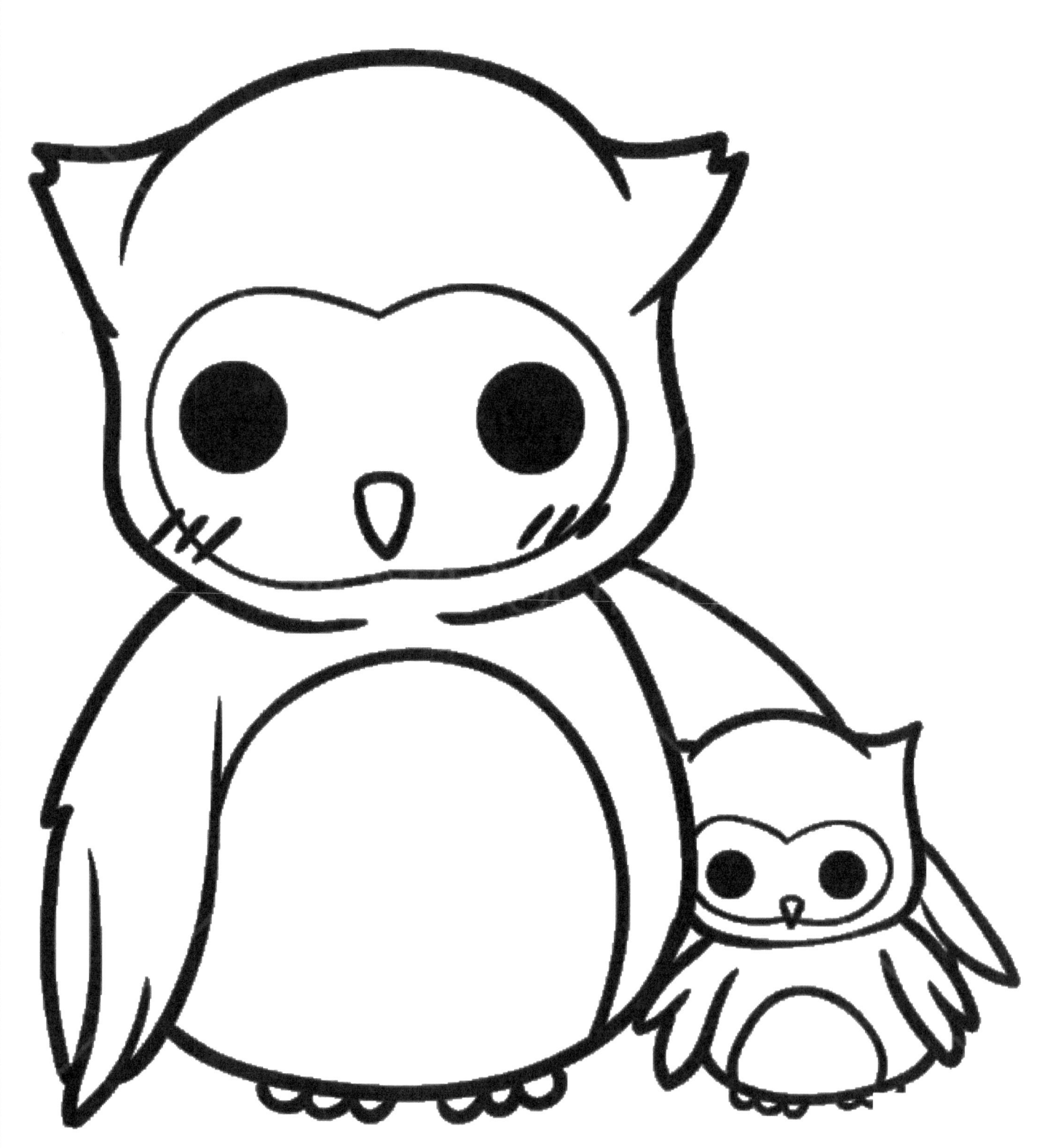

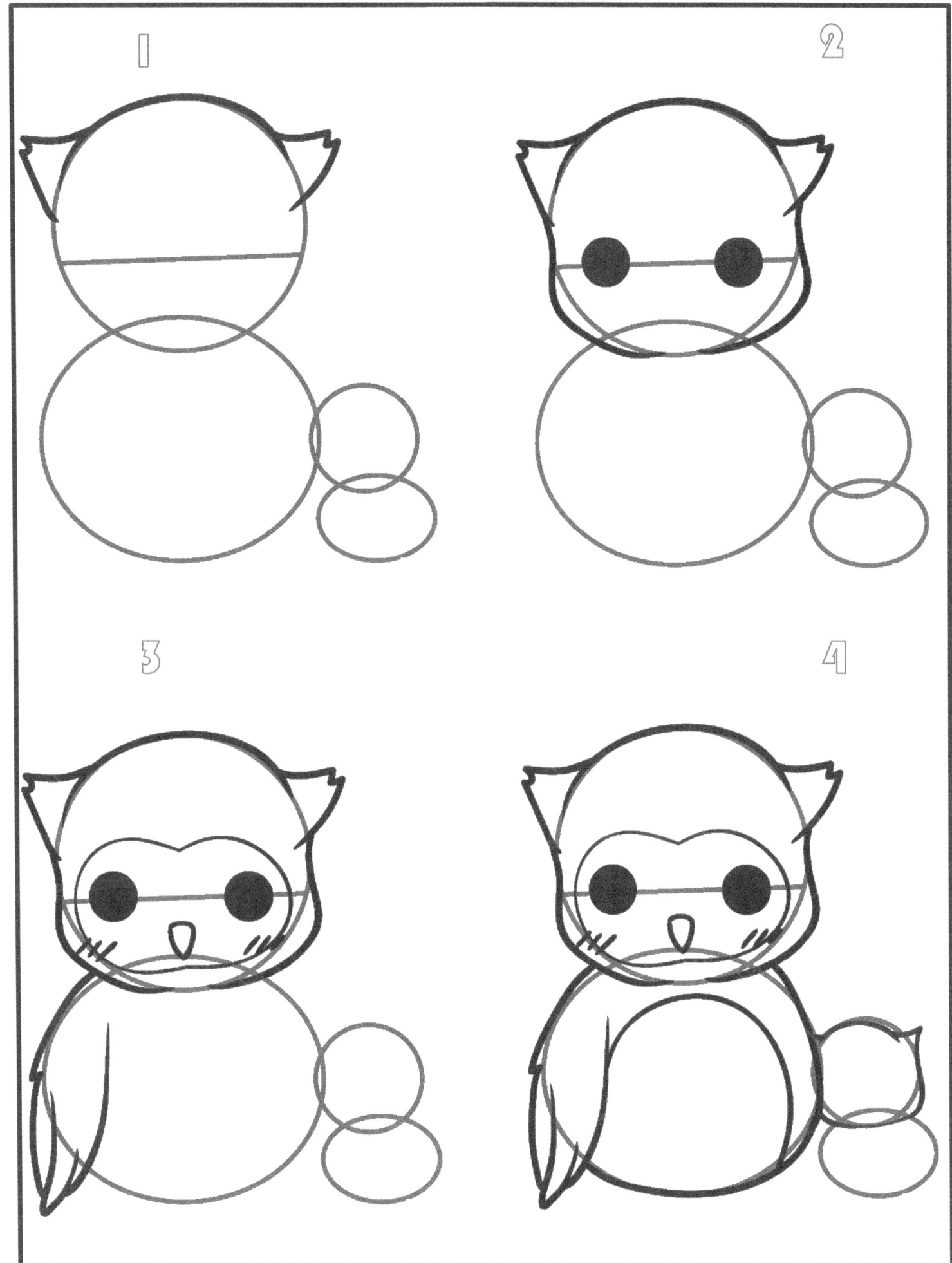

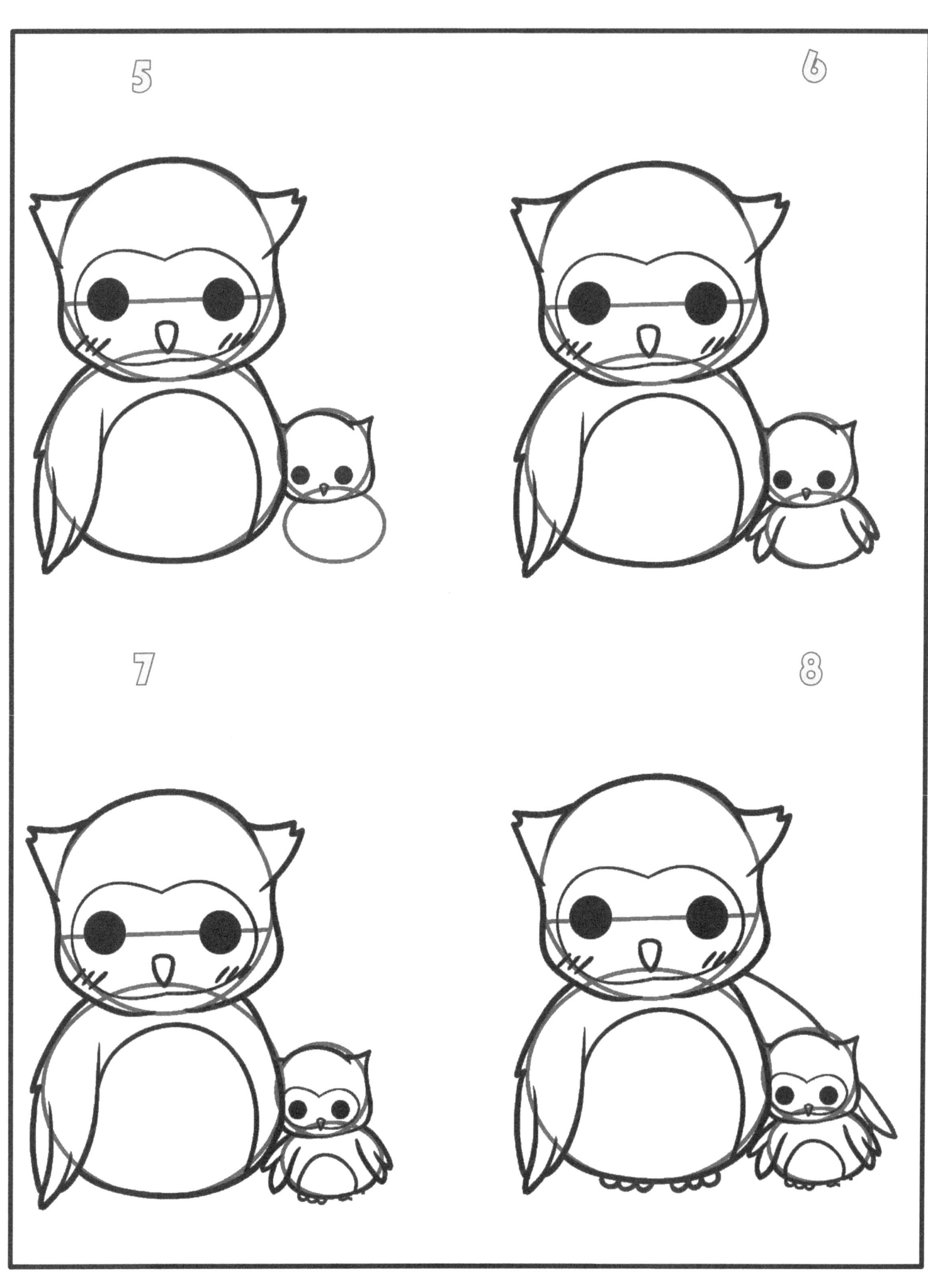

bien fait

NOUS DESSINONS

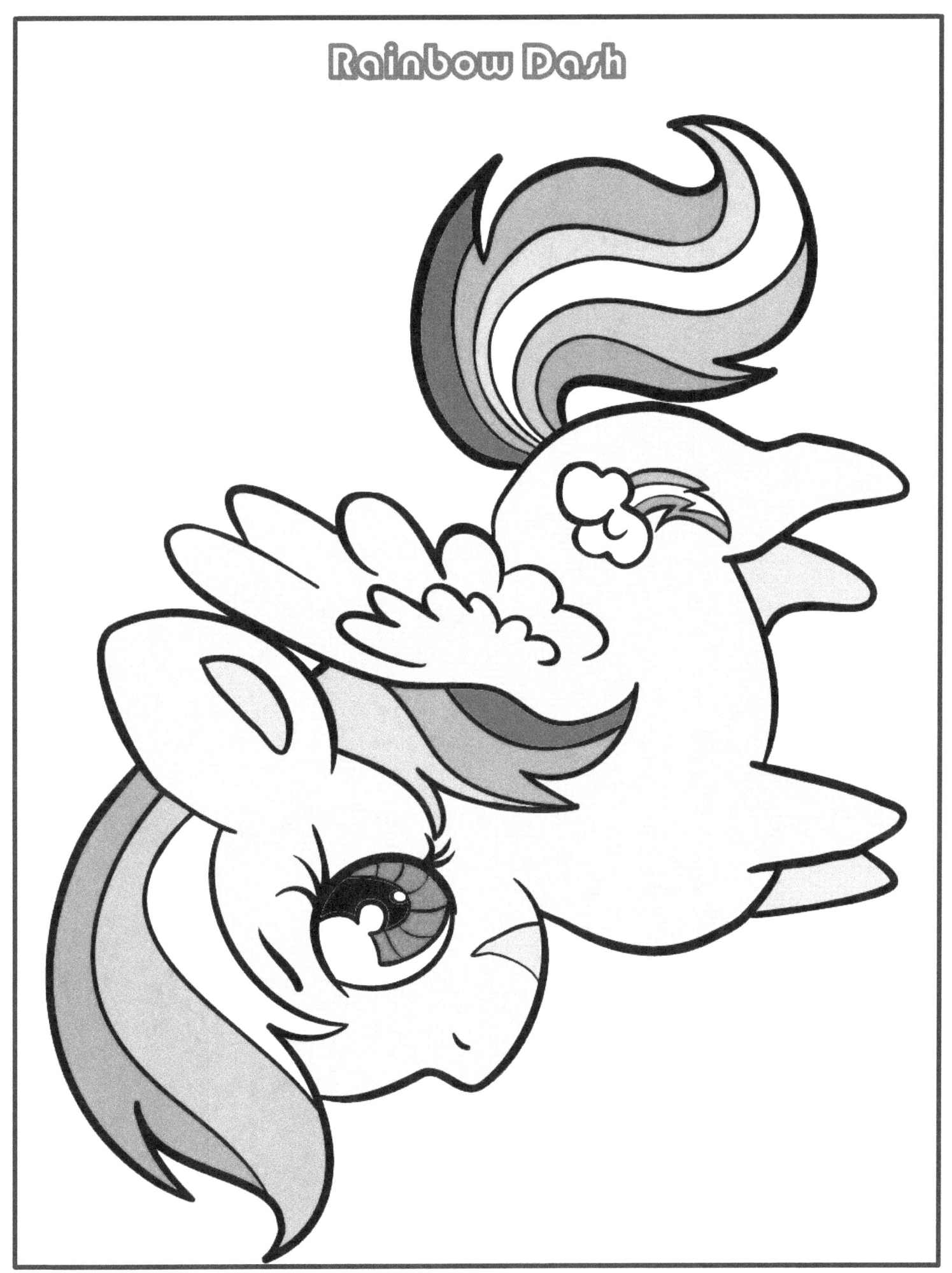

1

2

3

4

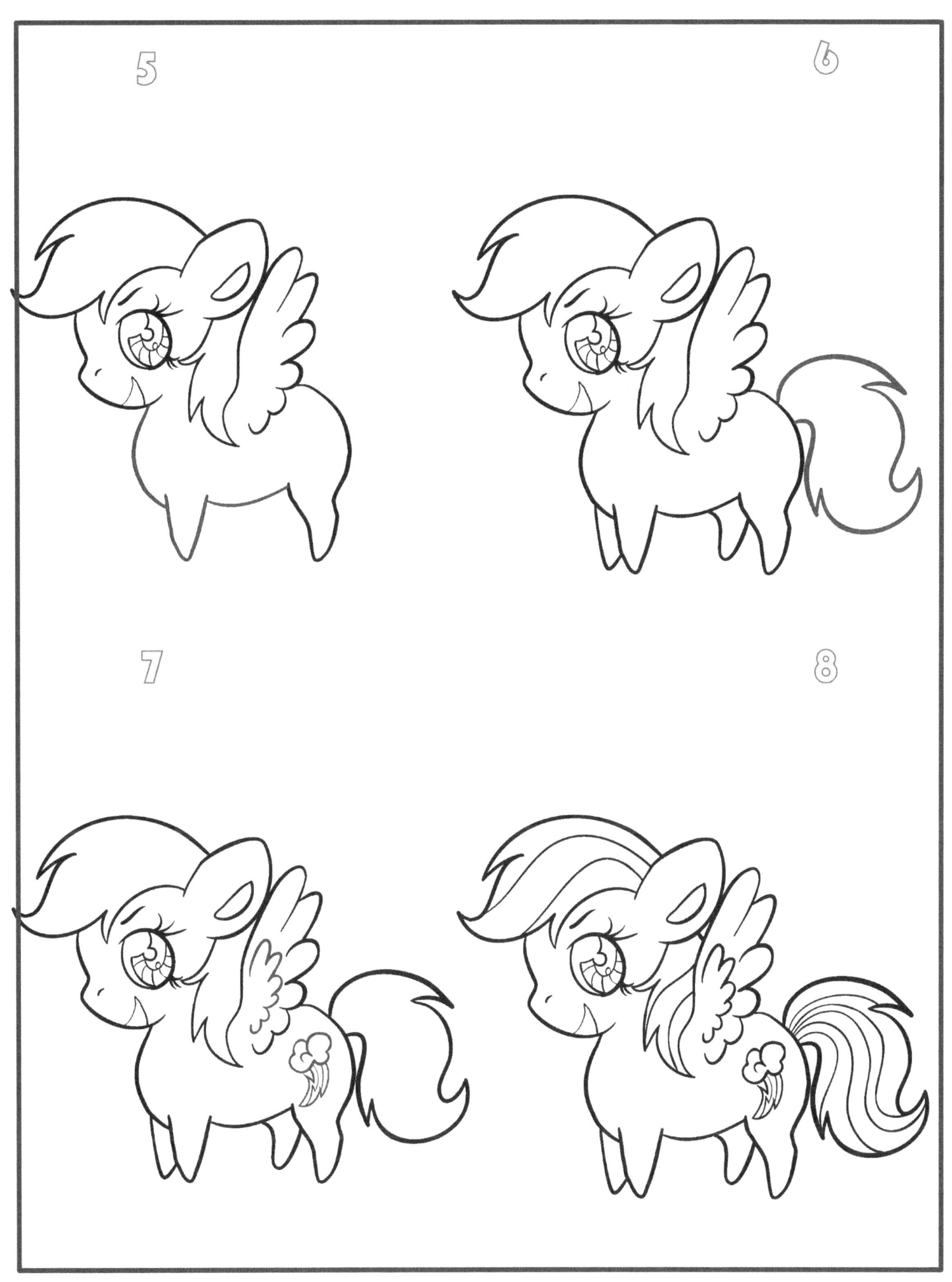

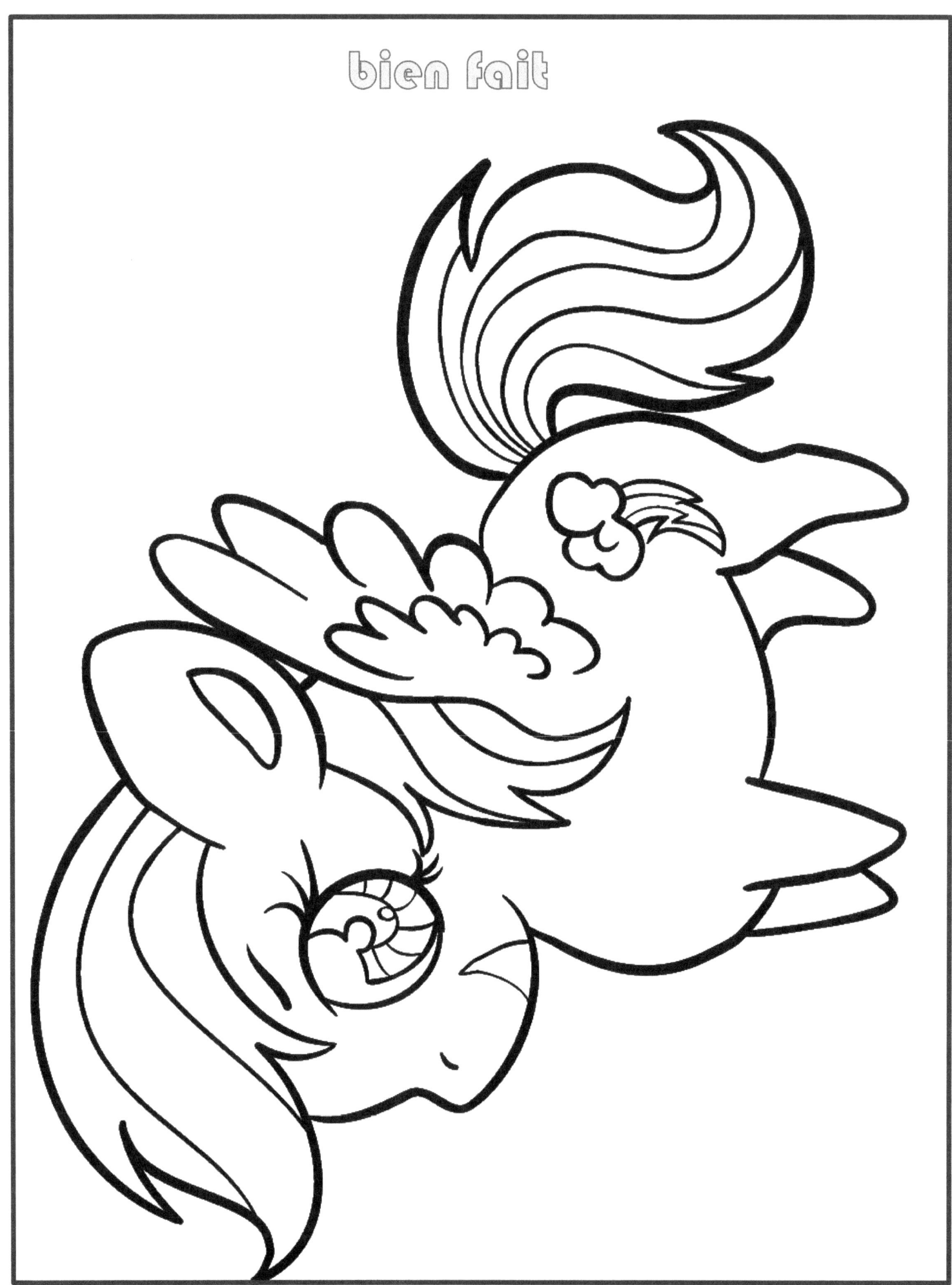

NOUS DESSINONS

bat

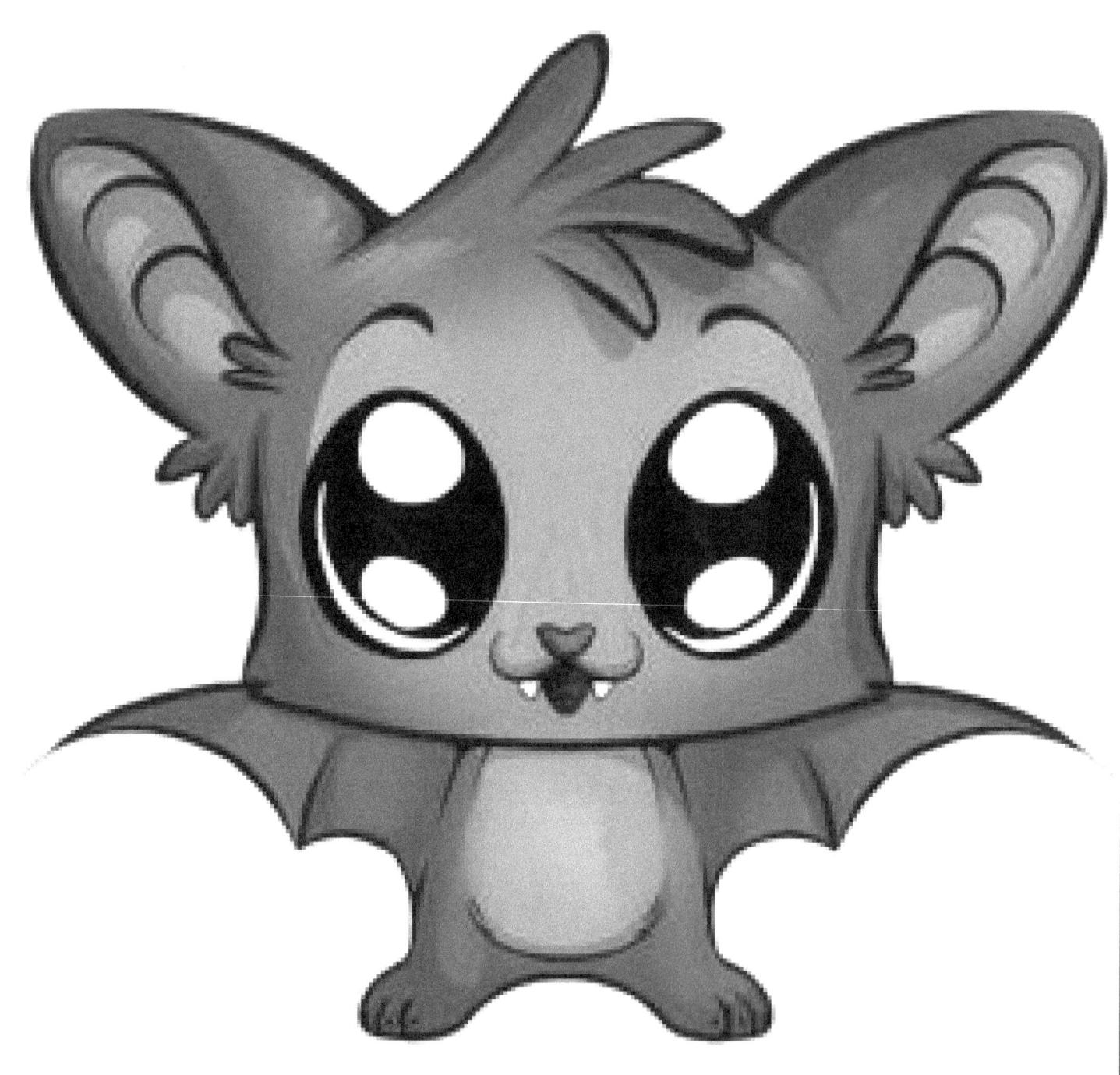

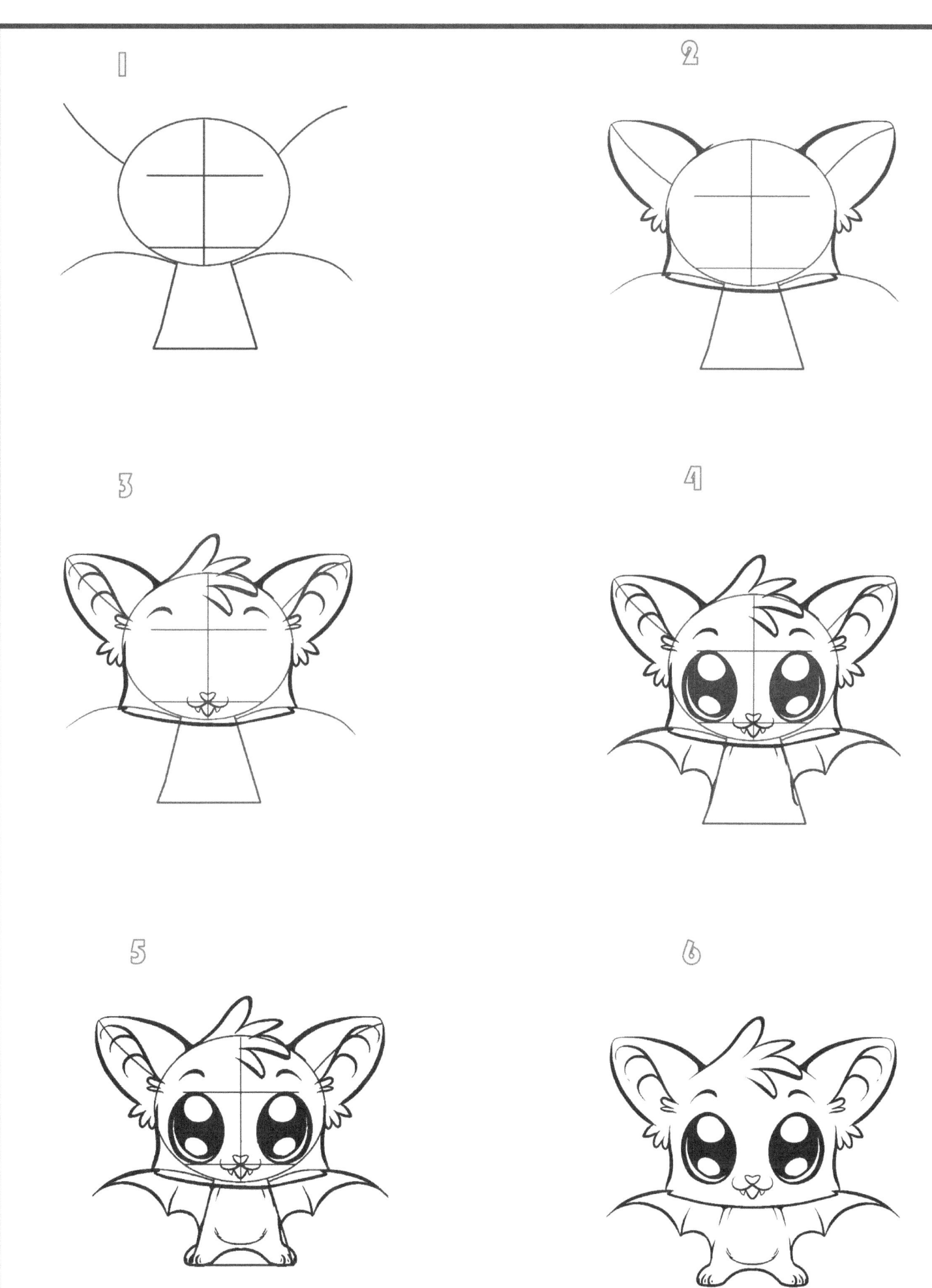

bien fait

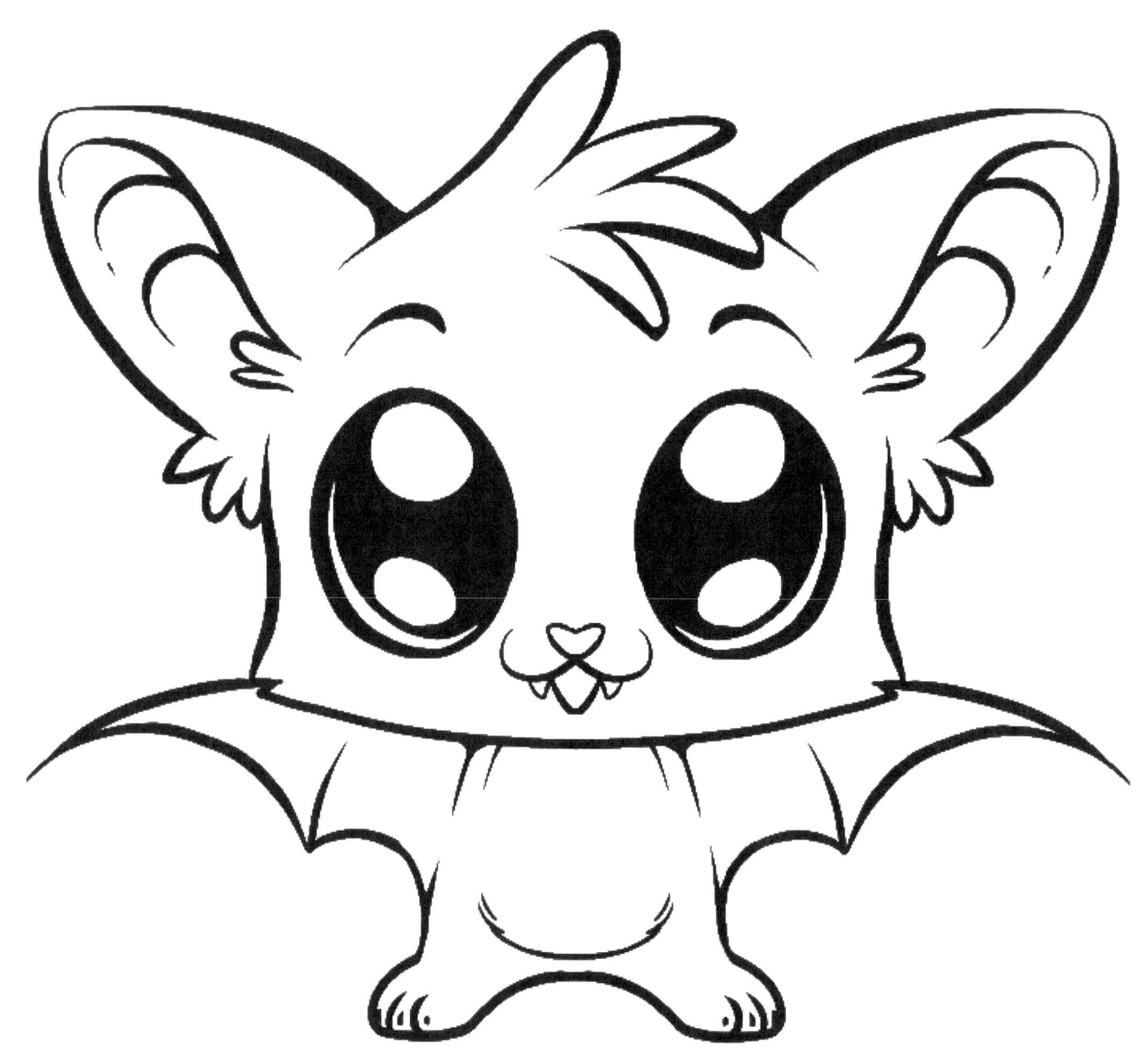

bien fait

dog Kawaii

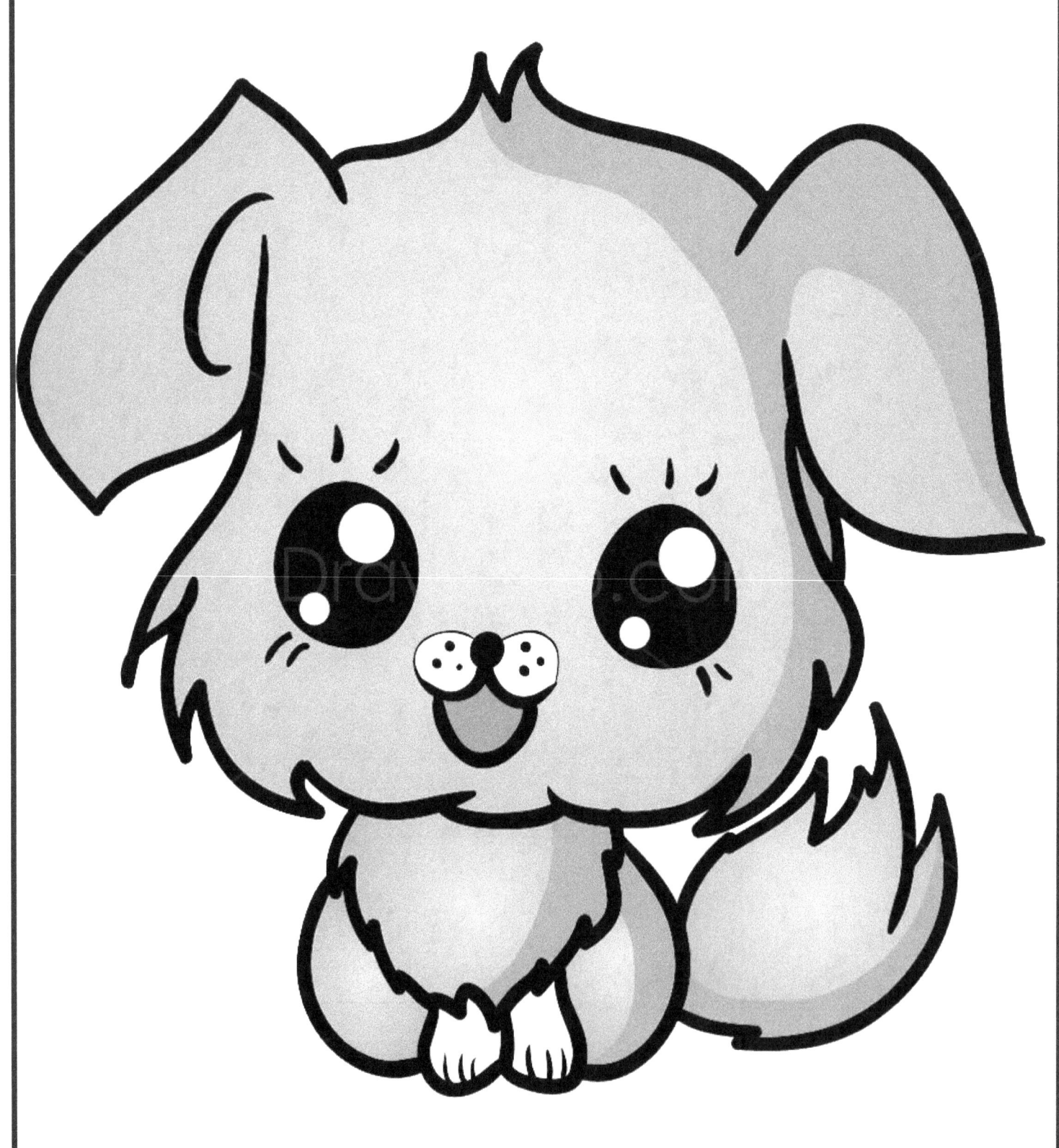

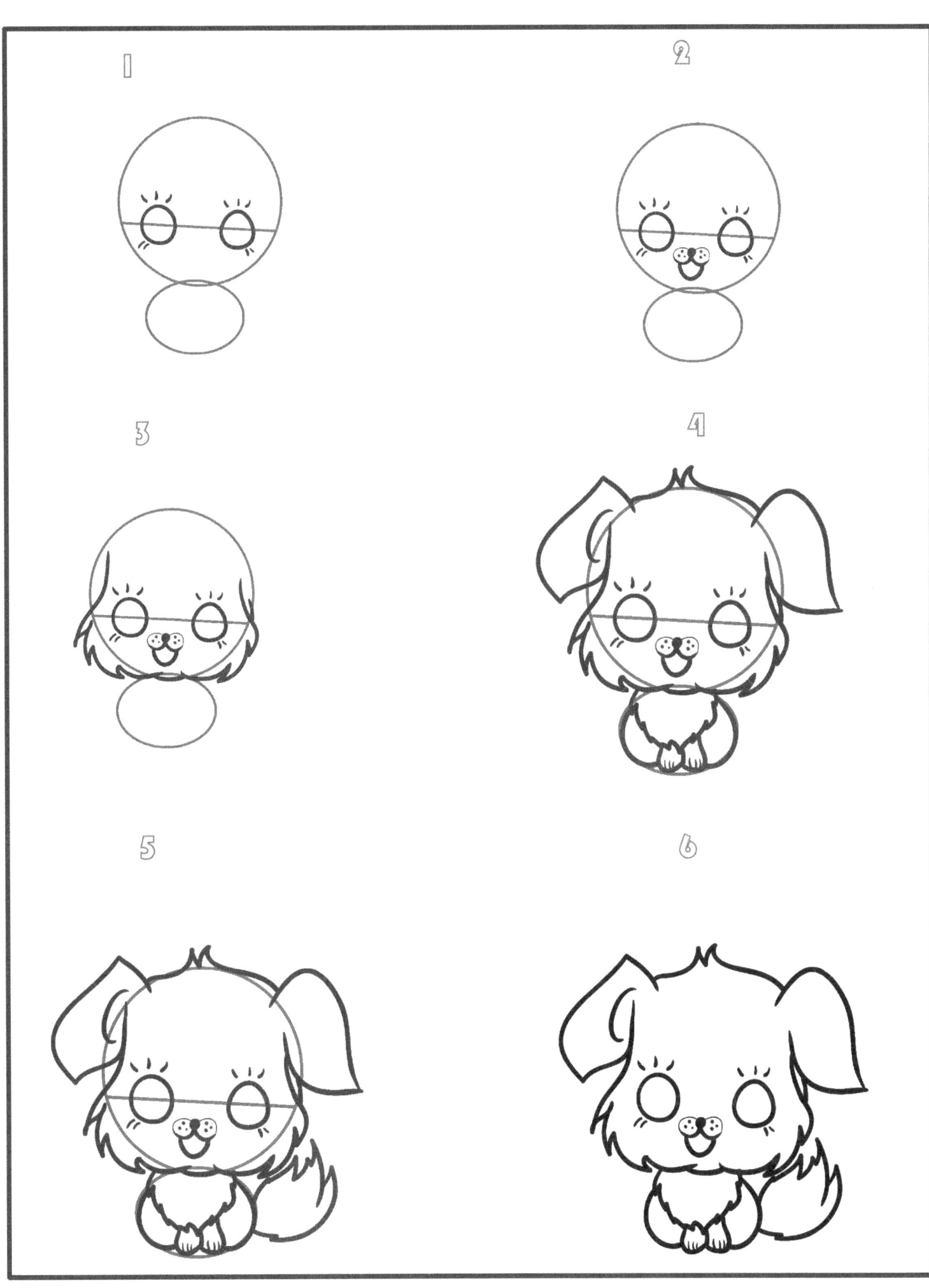

bien fait

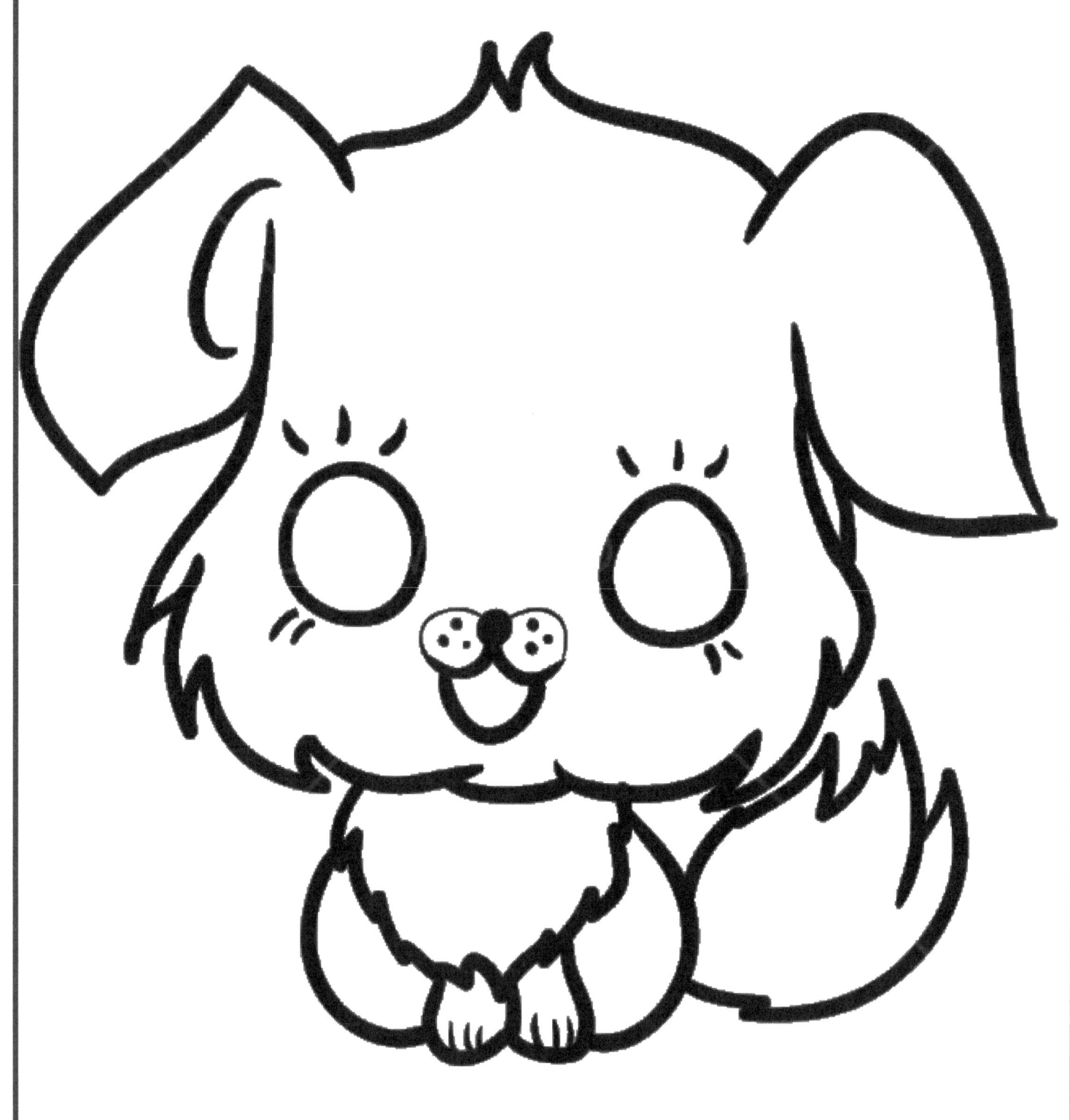

bear Polar

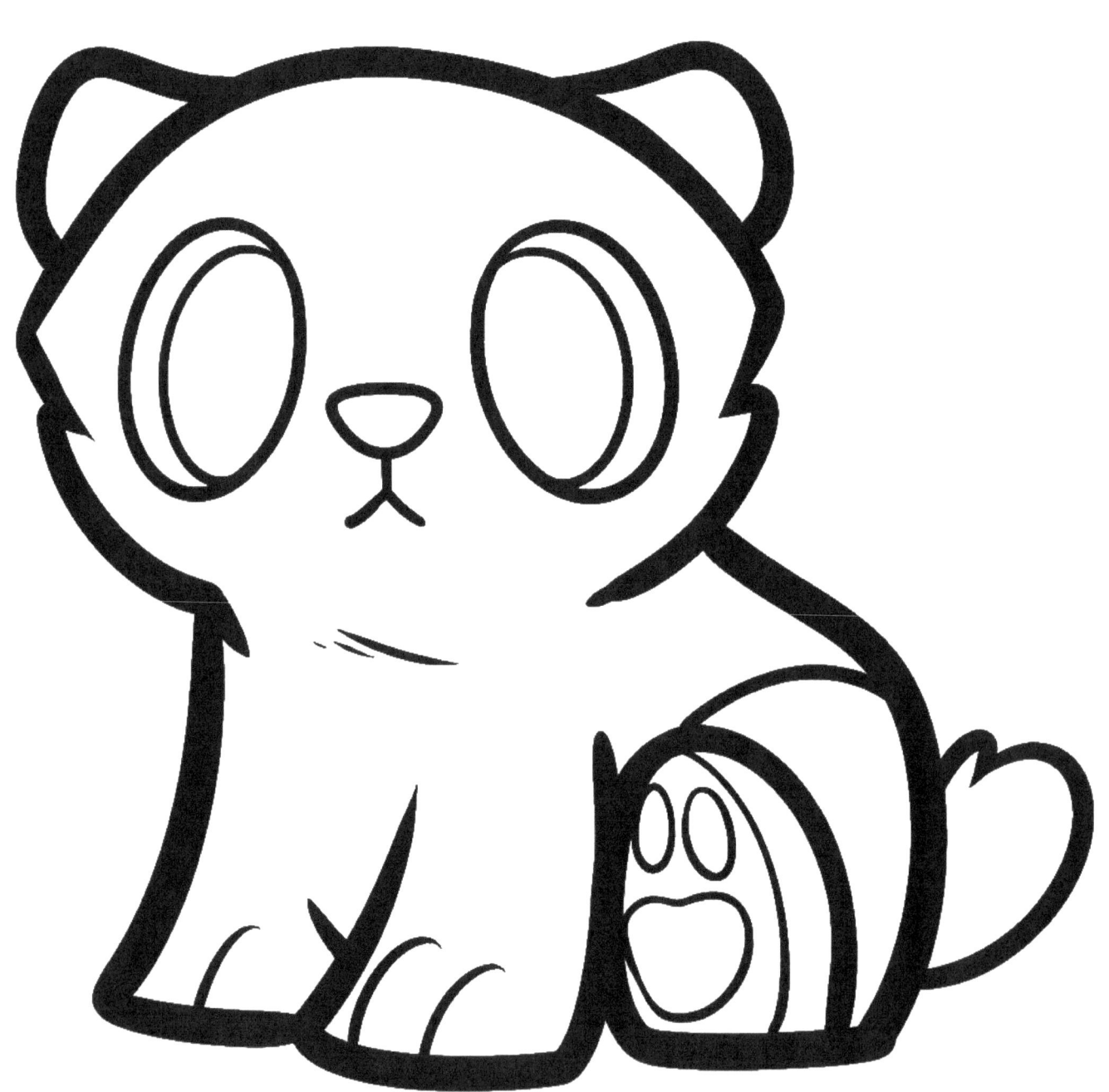

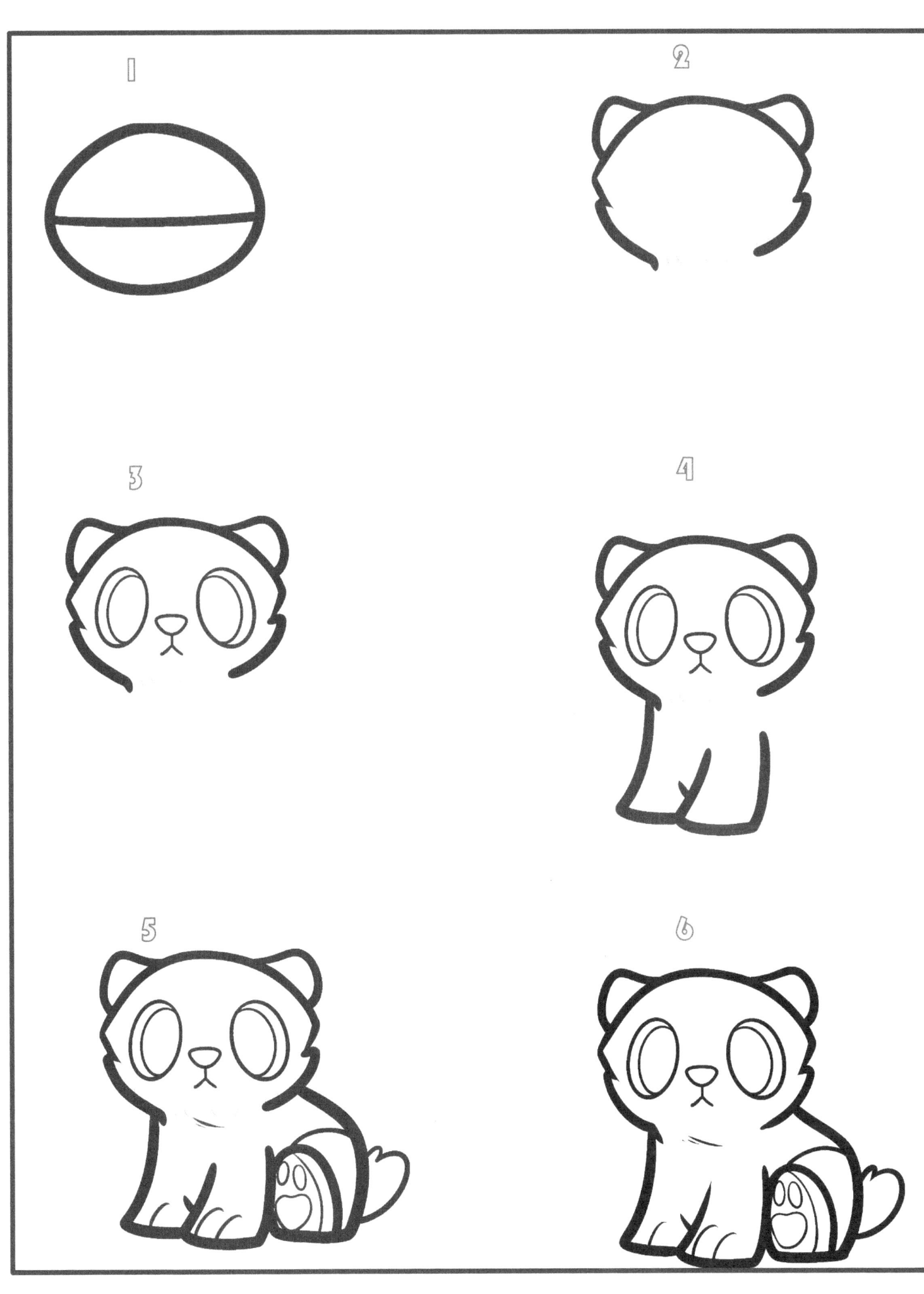

bien fait

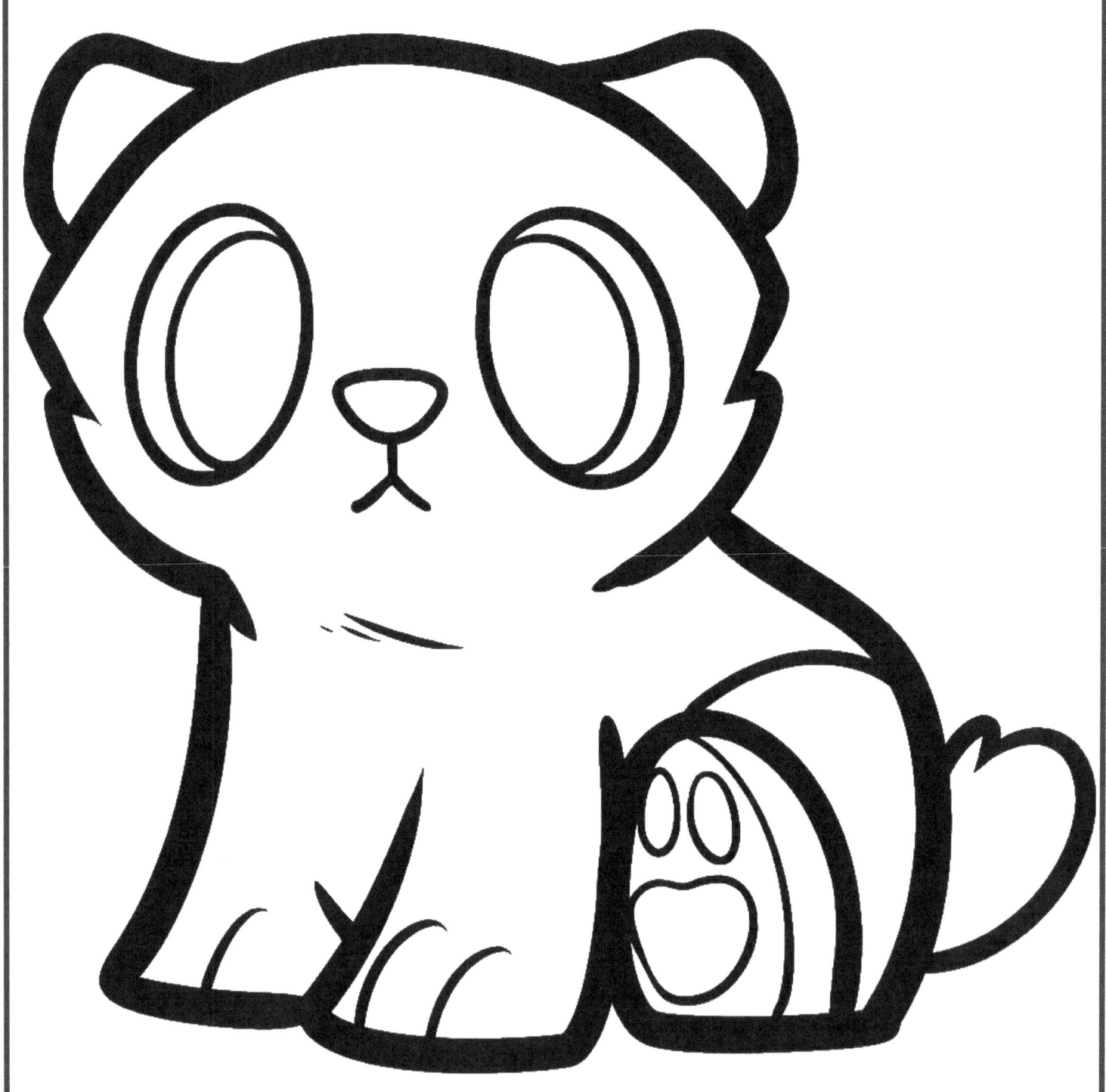

NOUS DESSINONS

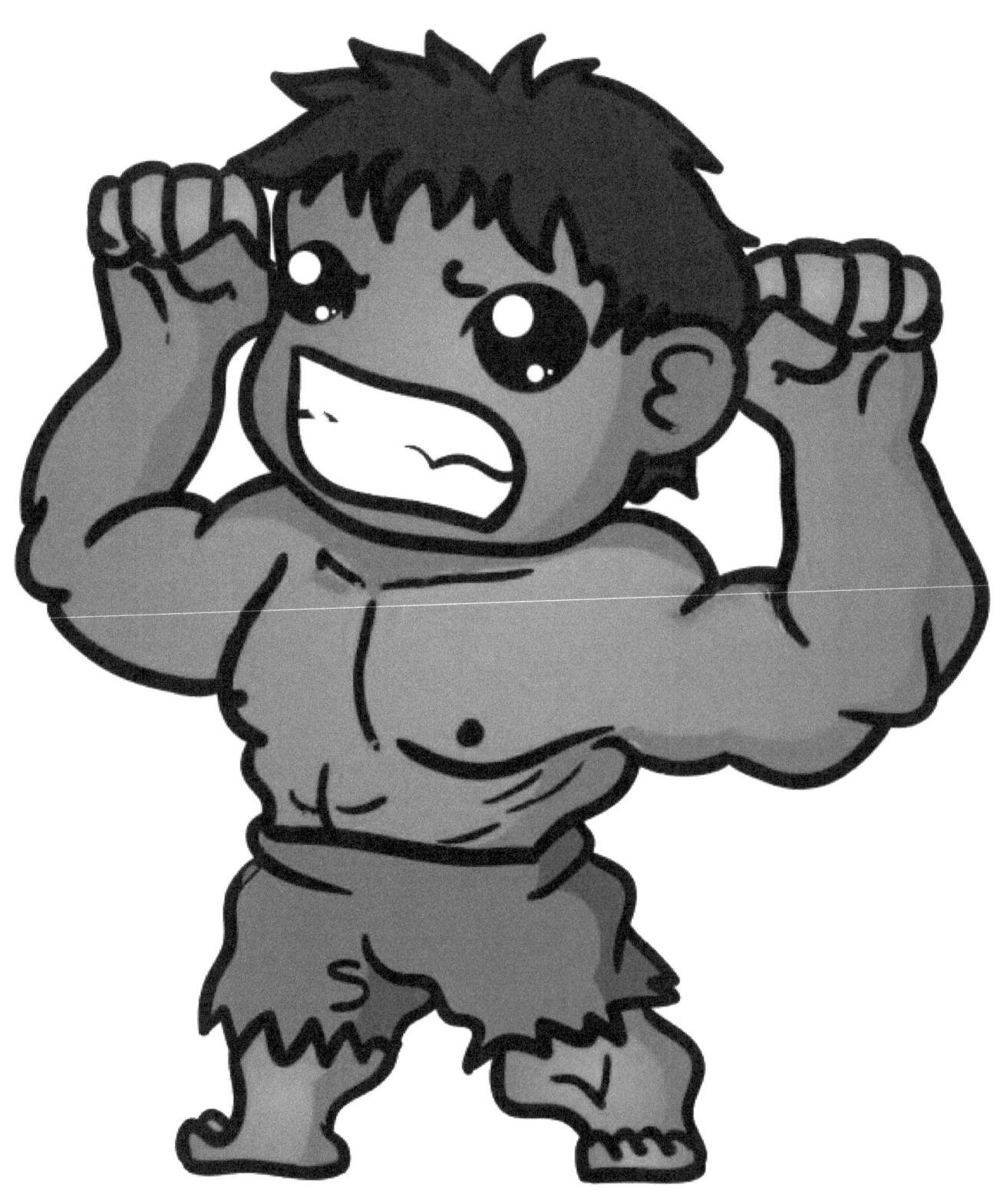

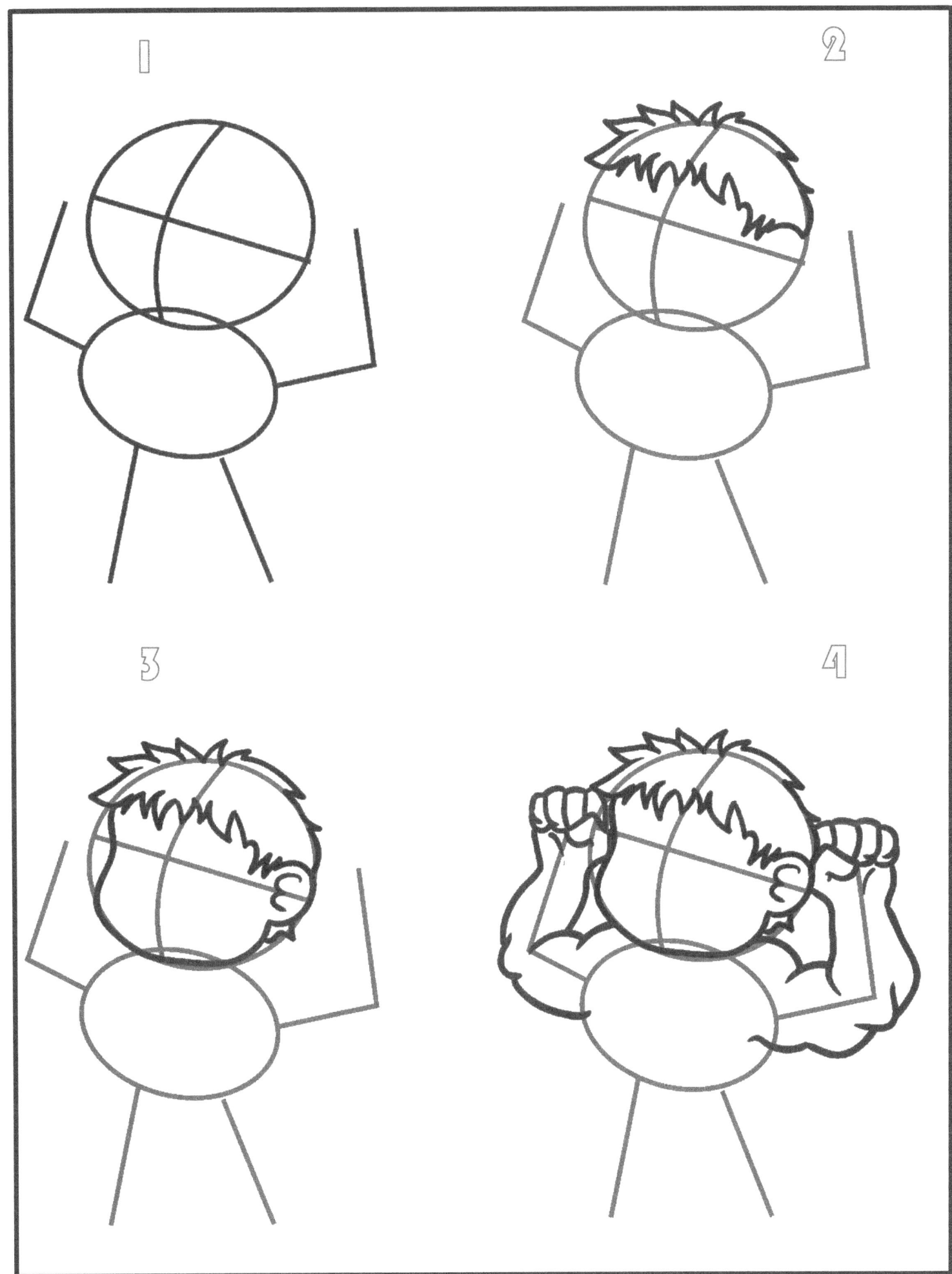

5

6

7

8

bien fait

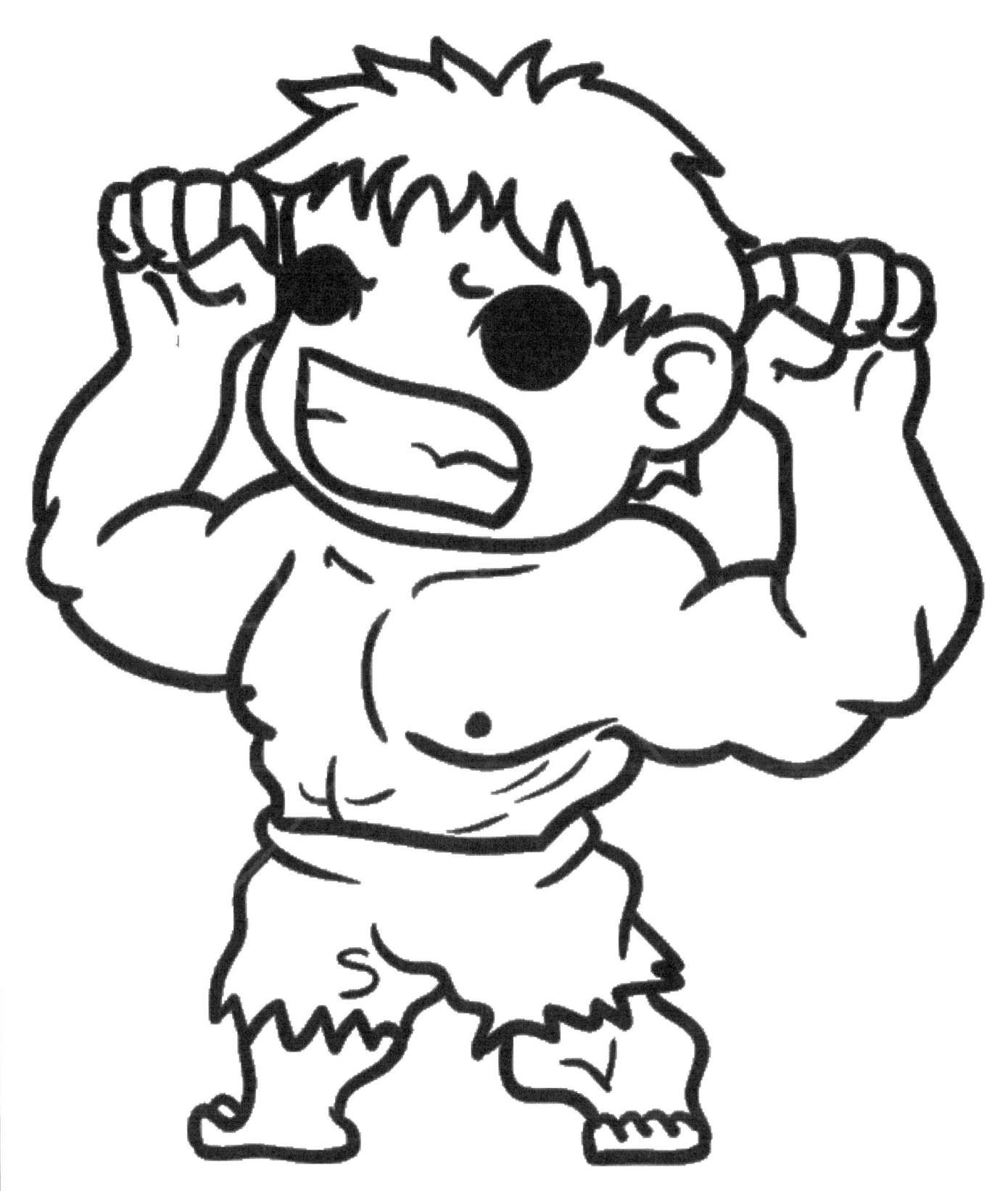

NOUS DESSINONS

sailor moon Chibi

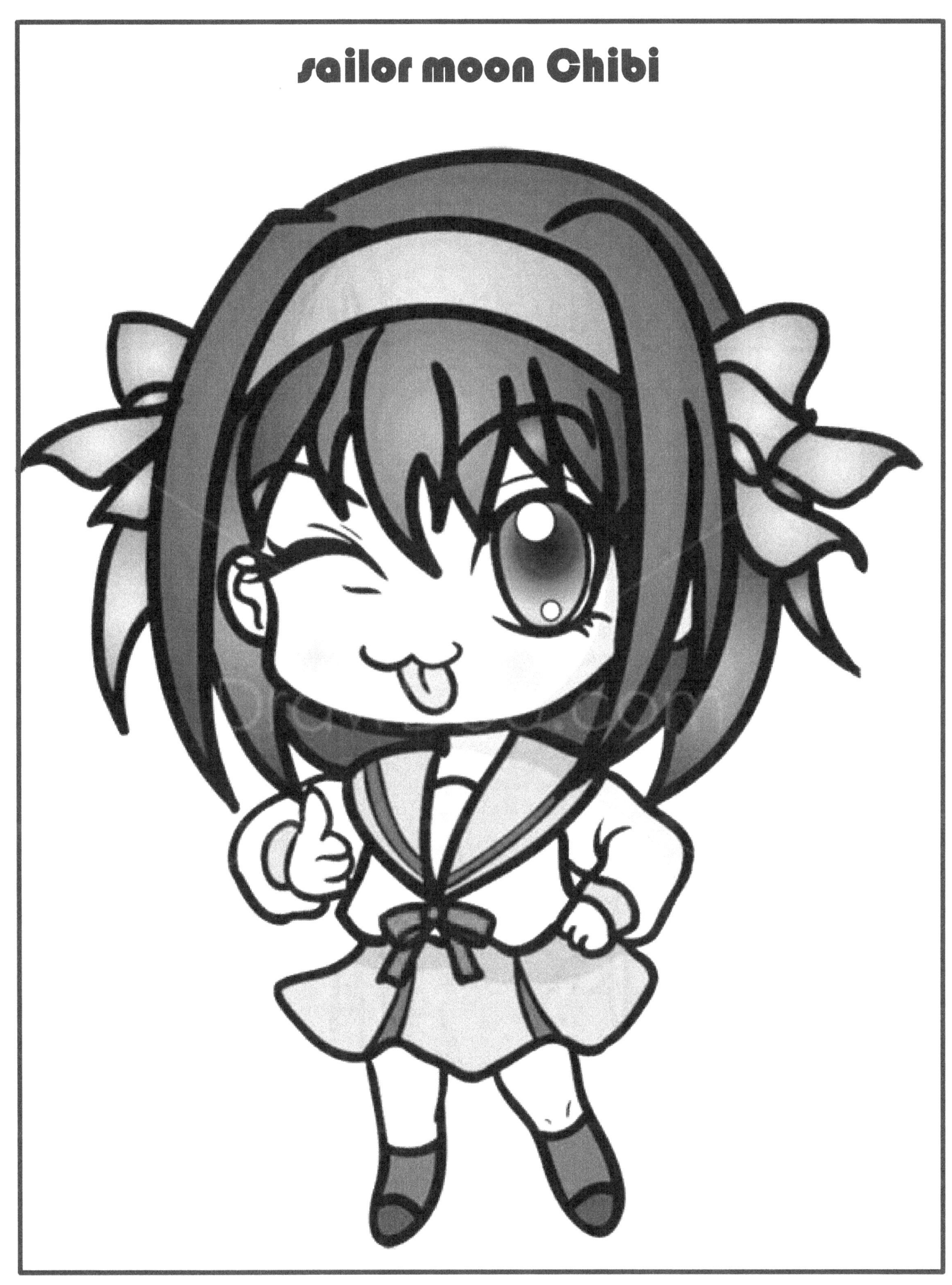

1

2

3

4

5

6

7

8

bien fait

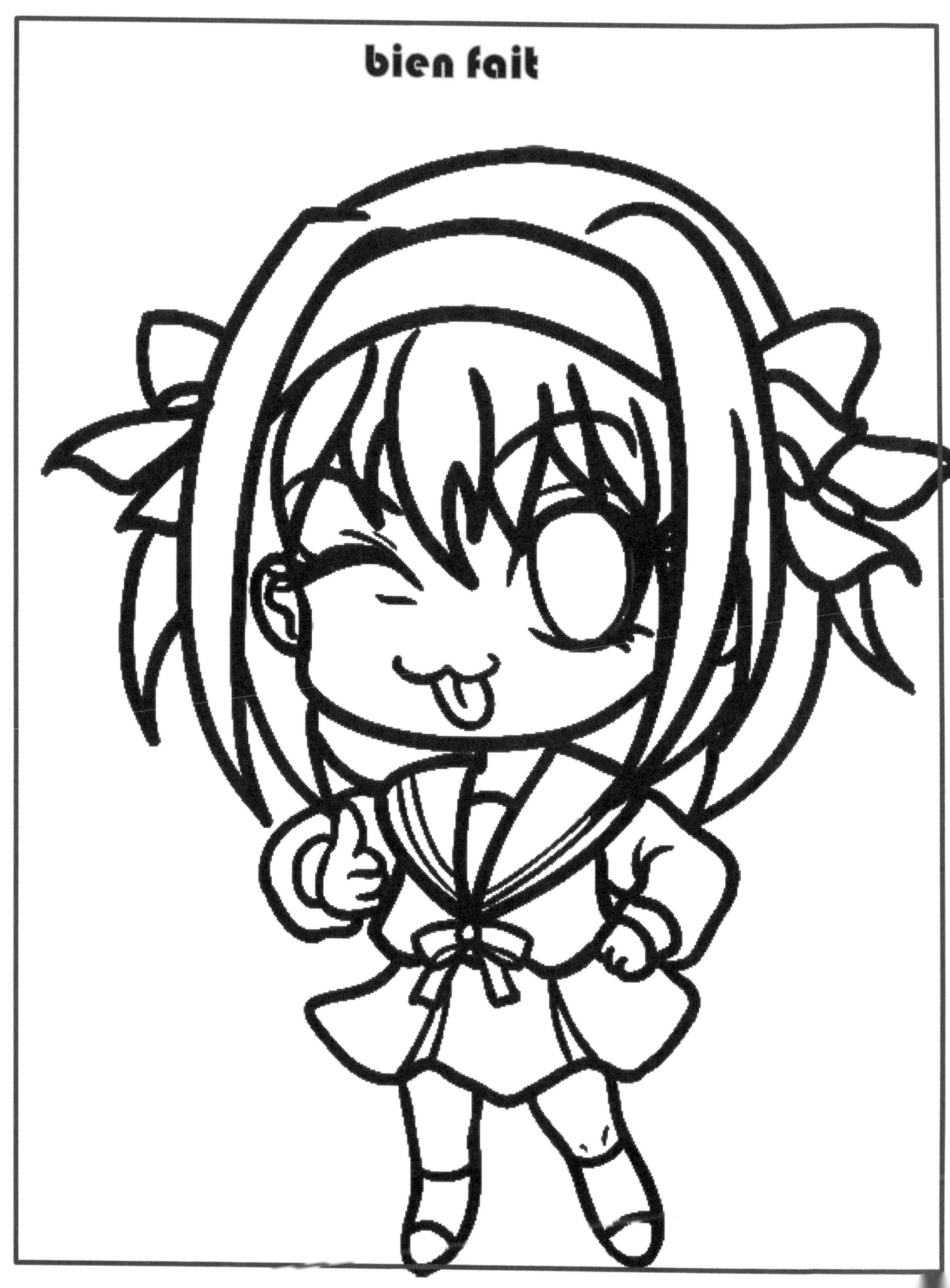

NOUS DESSINONS sailor moon Chibi

Lovely Lion CHIBI

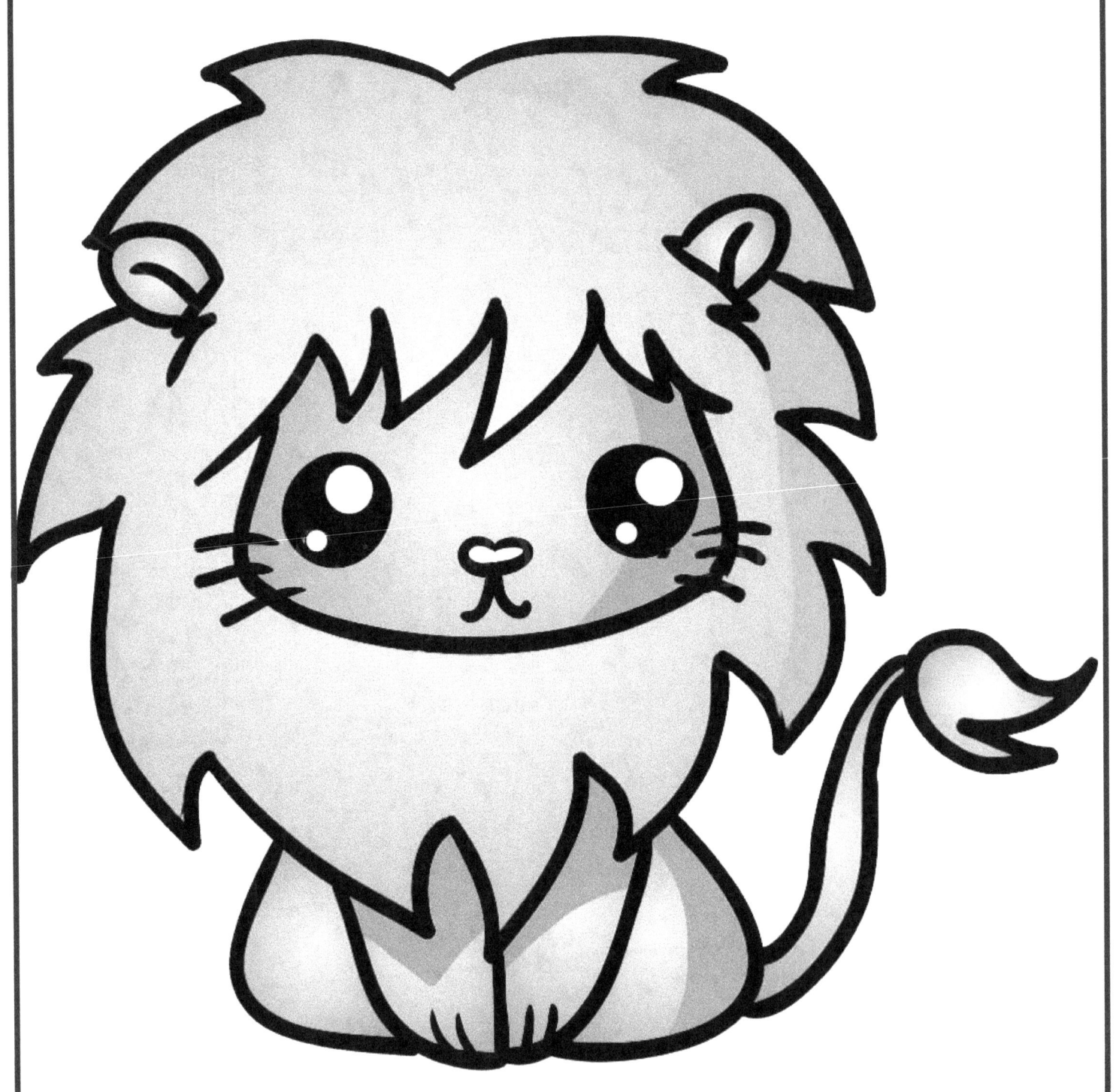

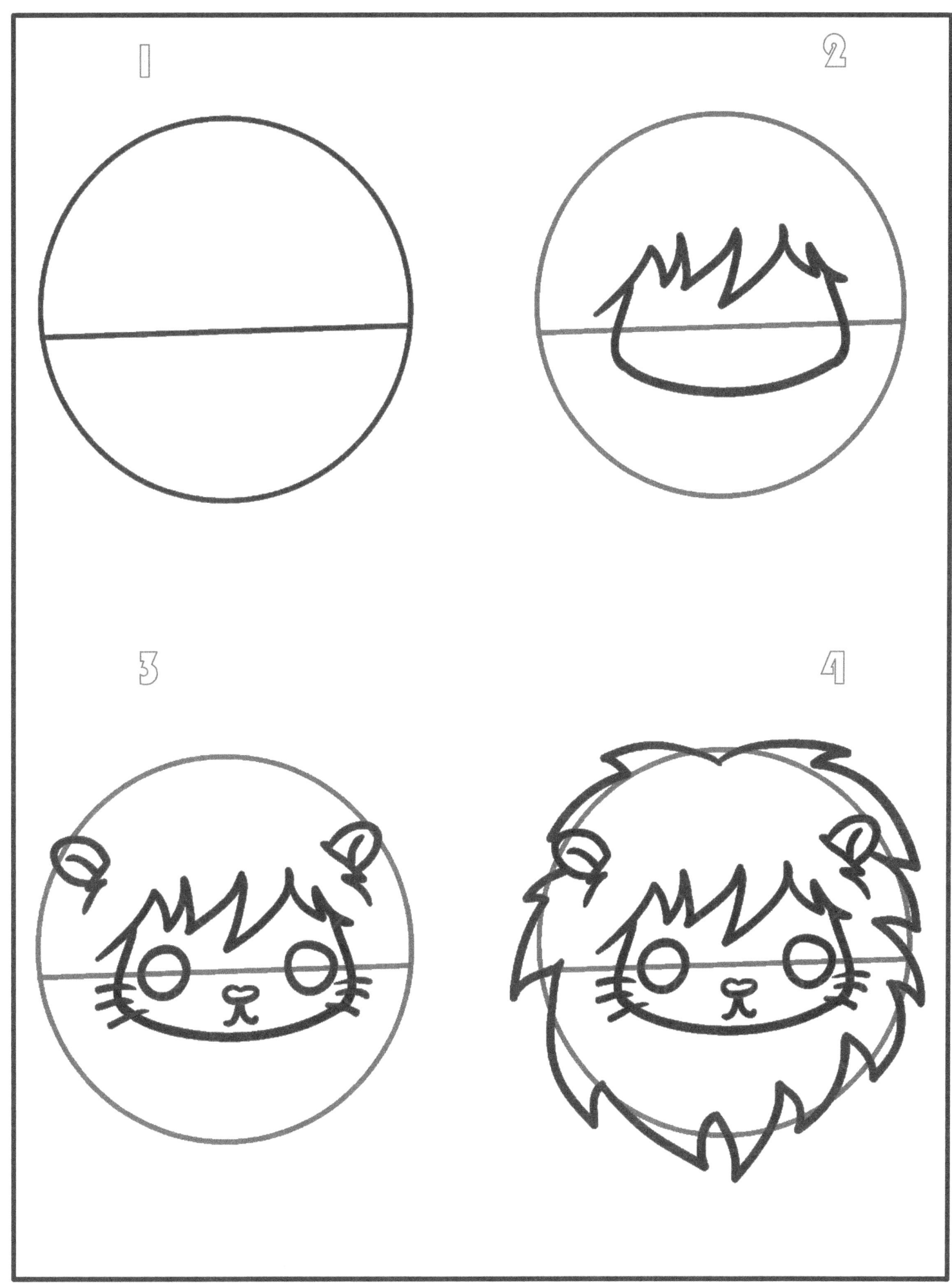

5

6

7

8

bien fait

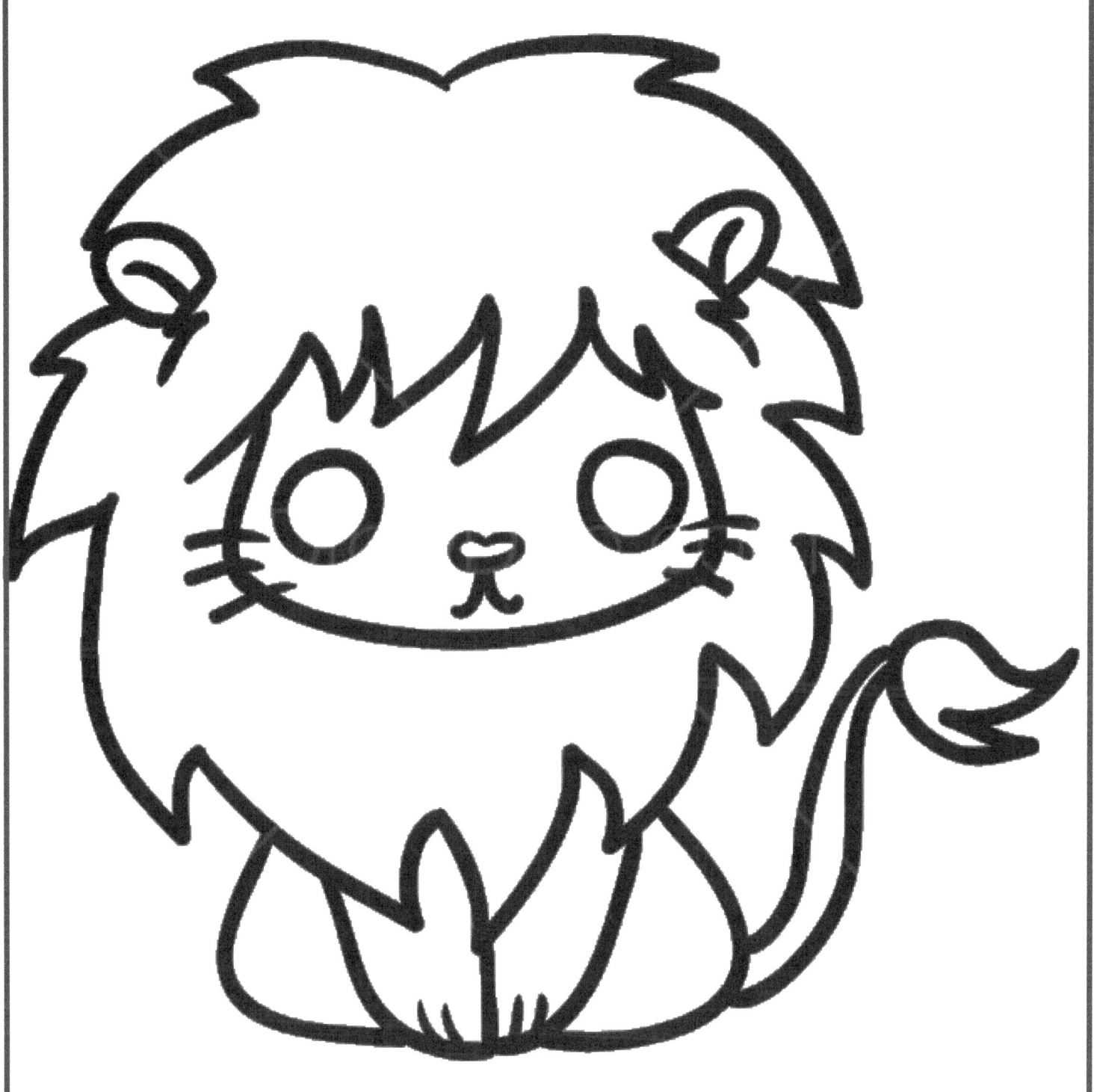

NOUS DESSINONS

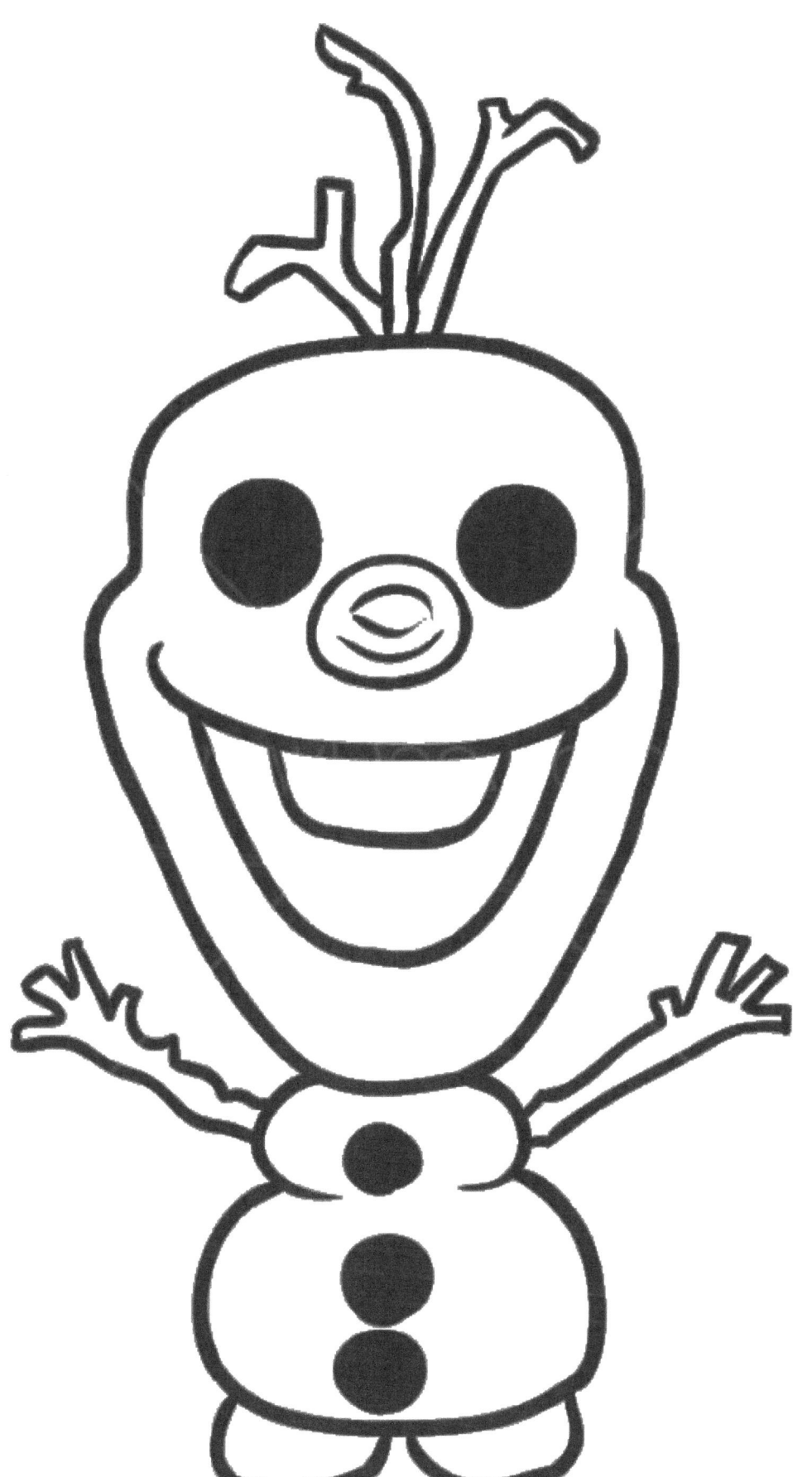

1
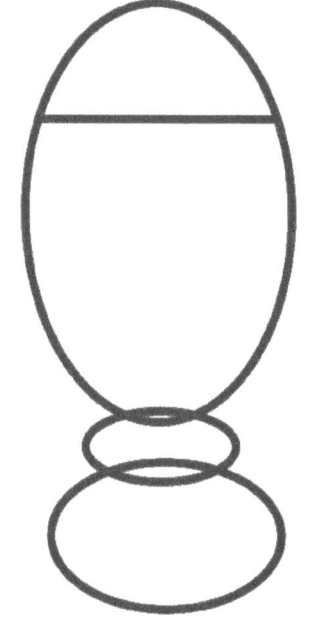

2
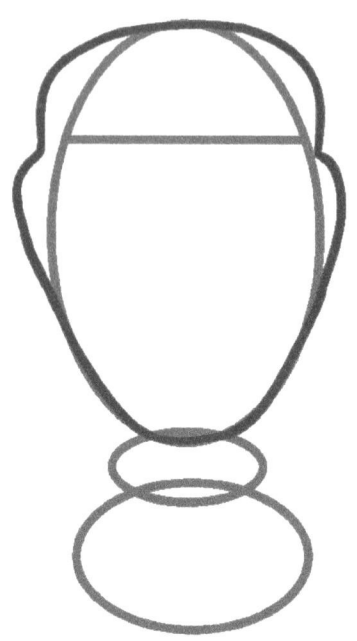

3
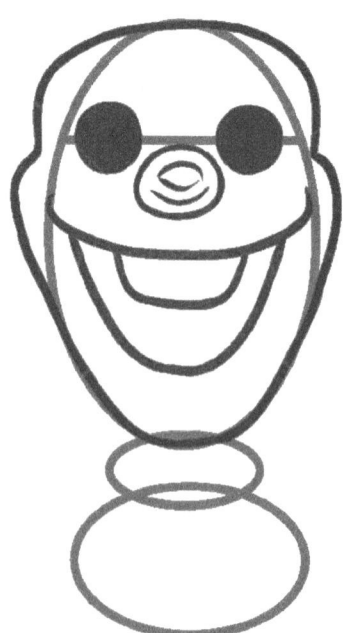

4
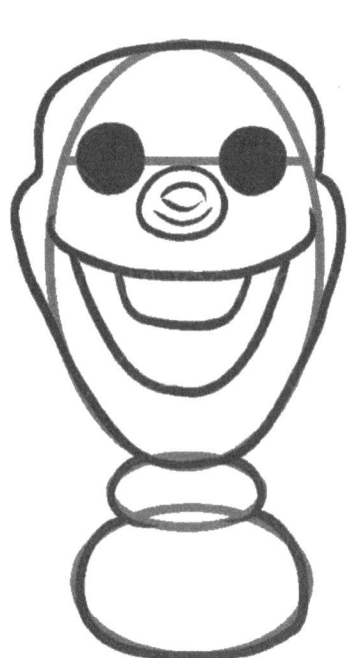

5

6

7

8

bien fait

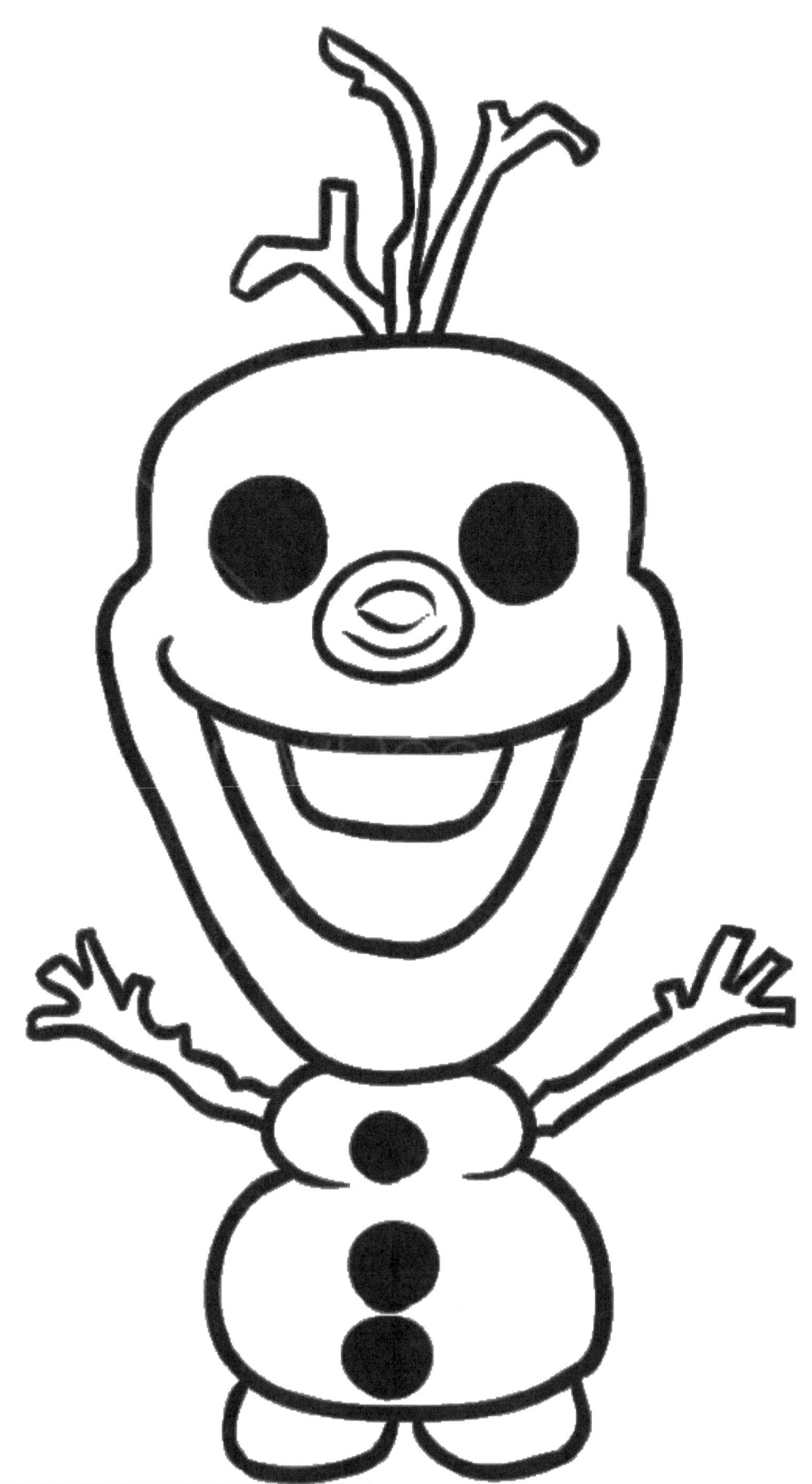

NOUS DESSINONS

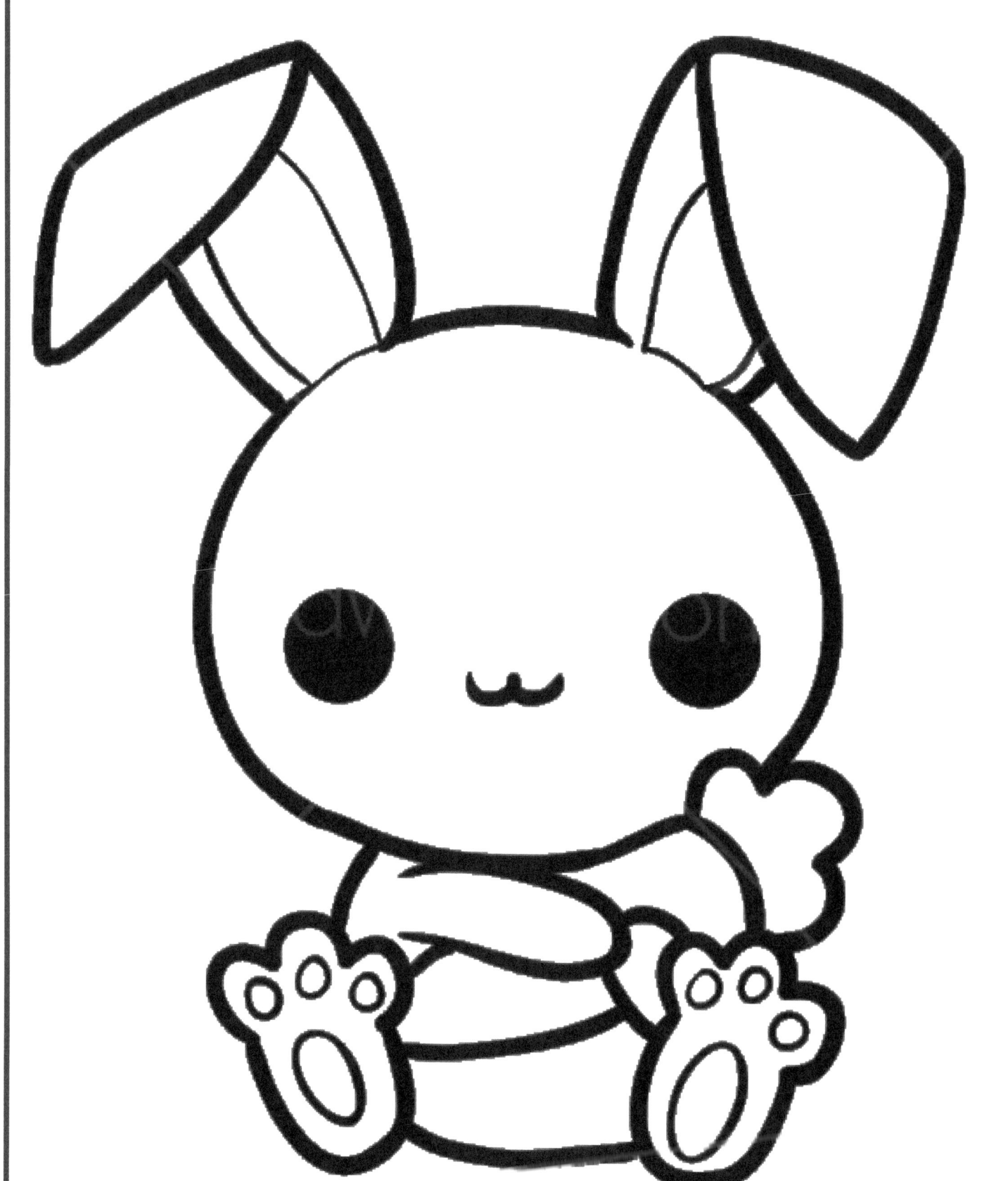

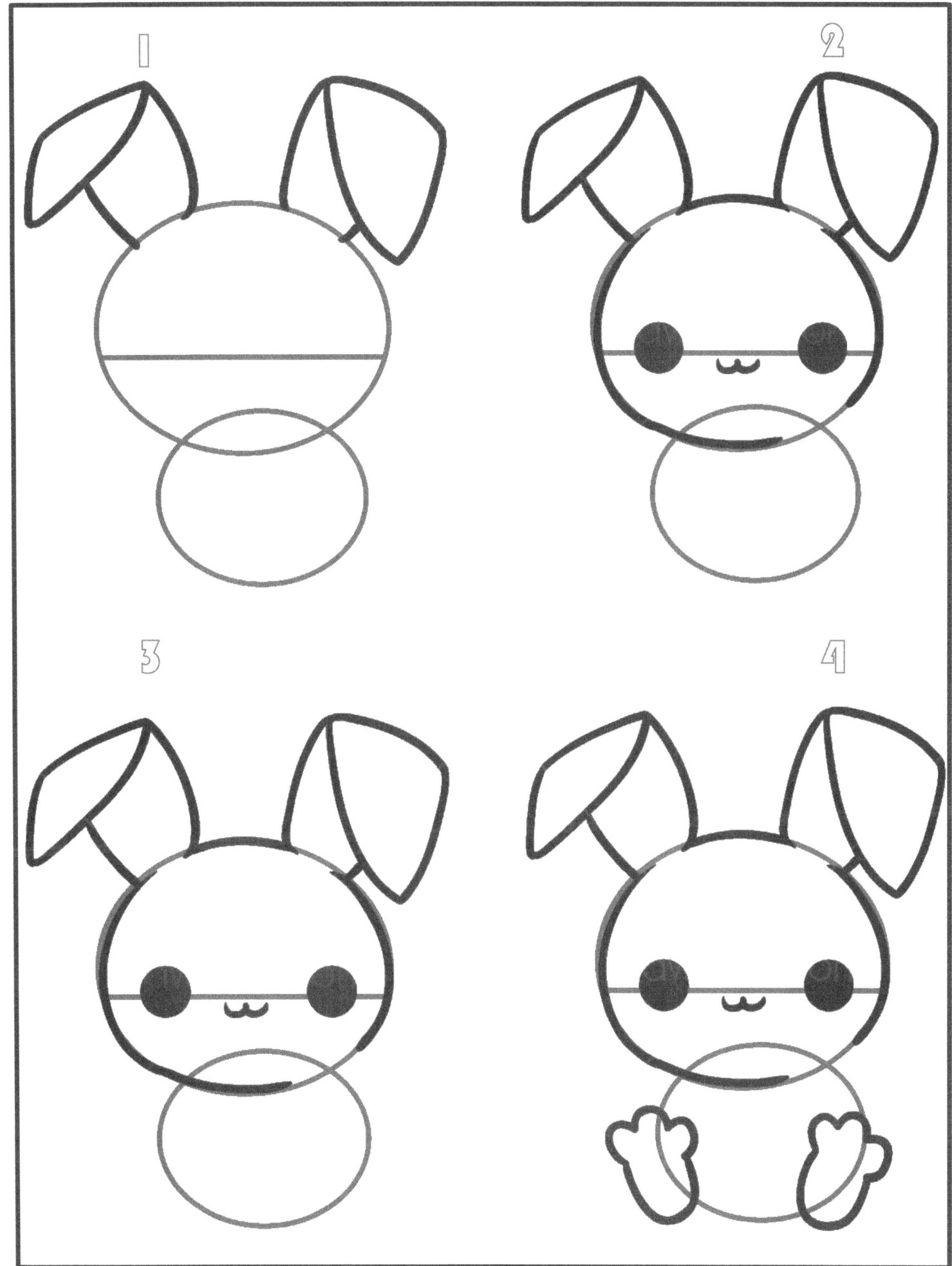

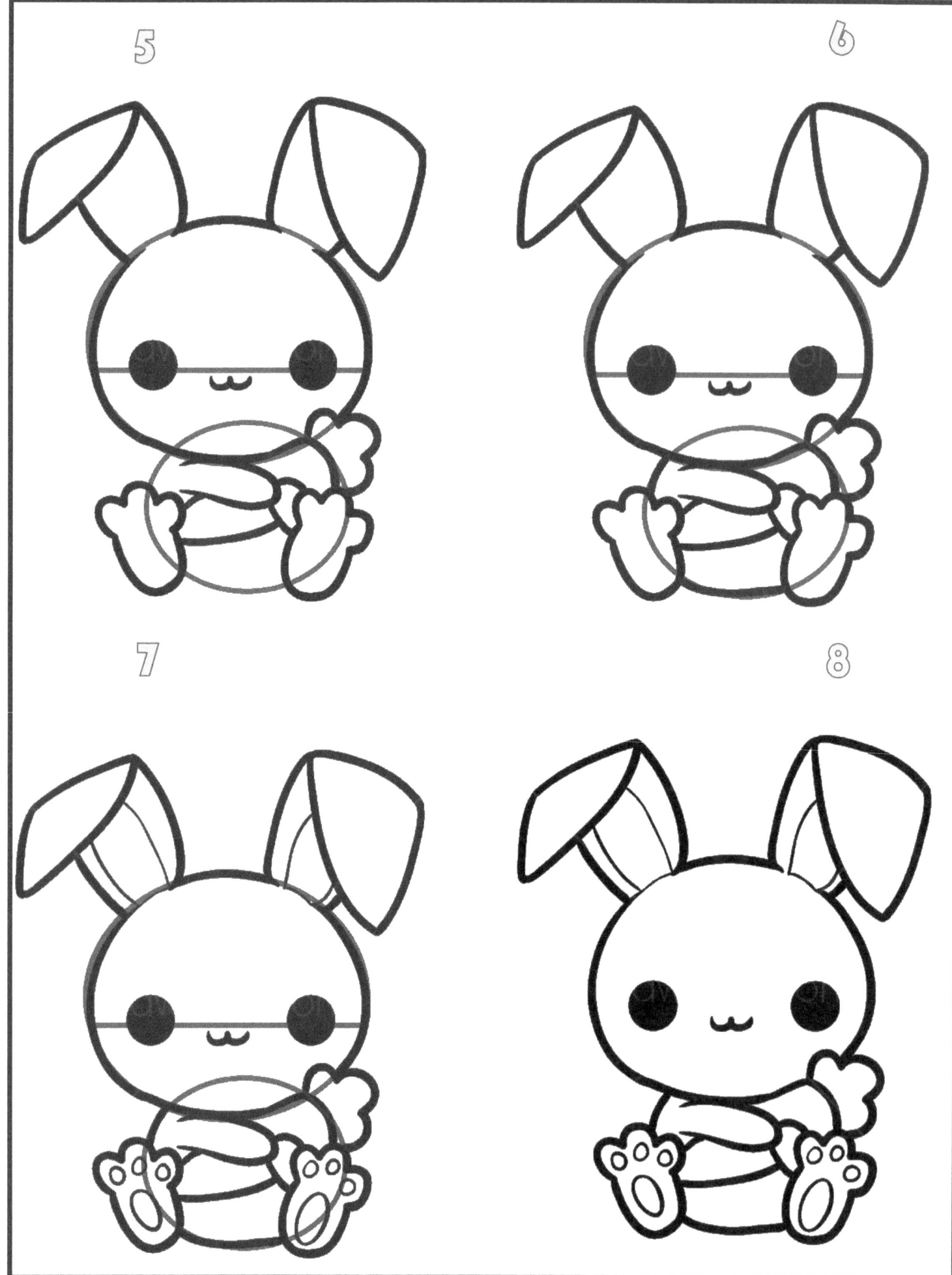

bien fait

NOUS DESSINONS

Pretty Mouse CHIBI

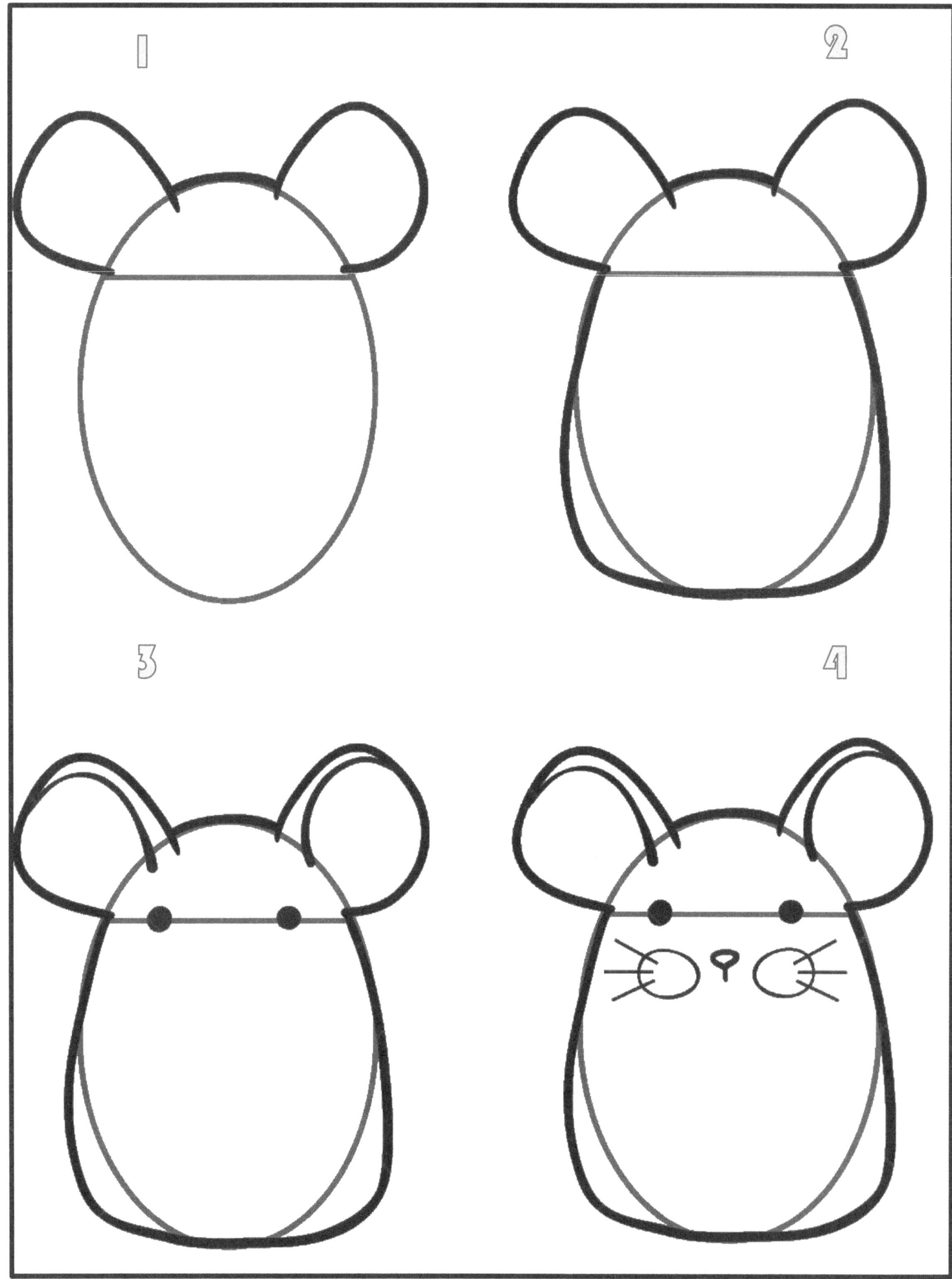

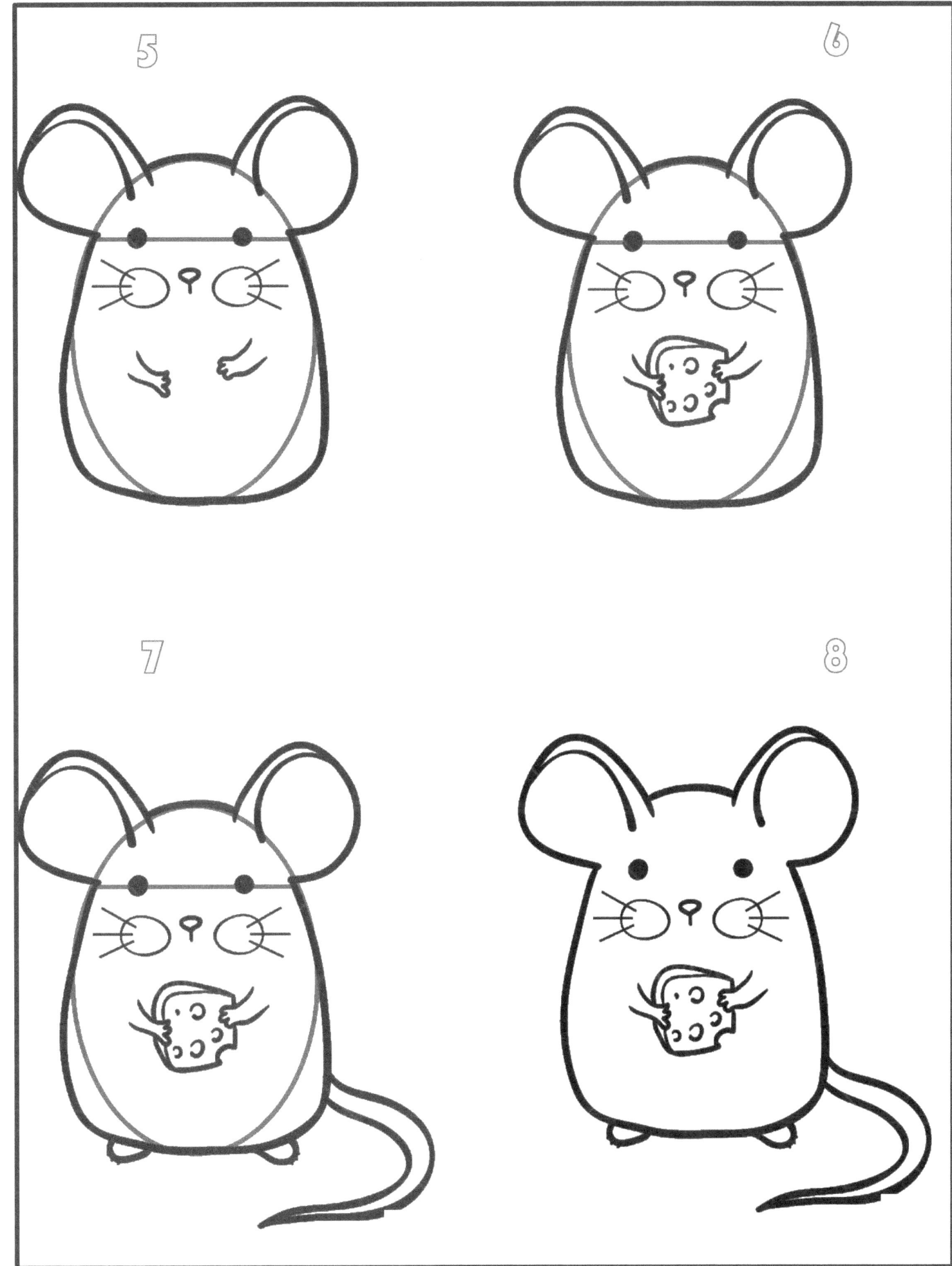

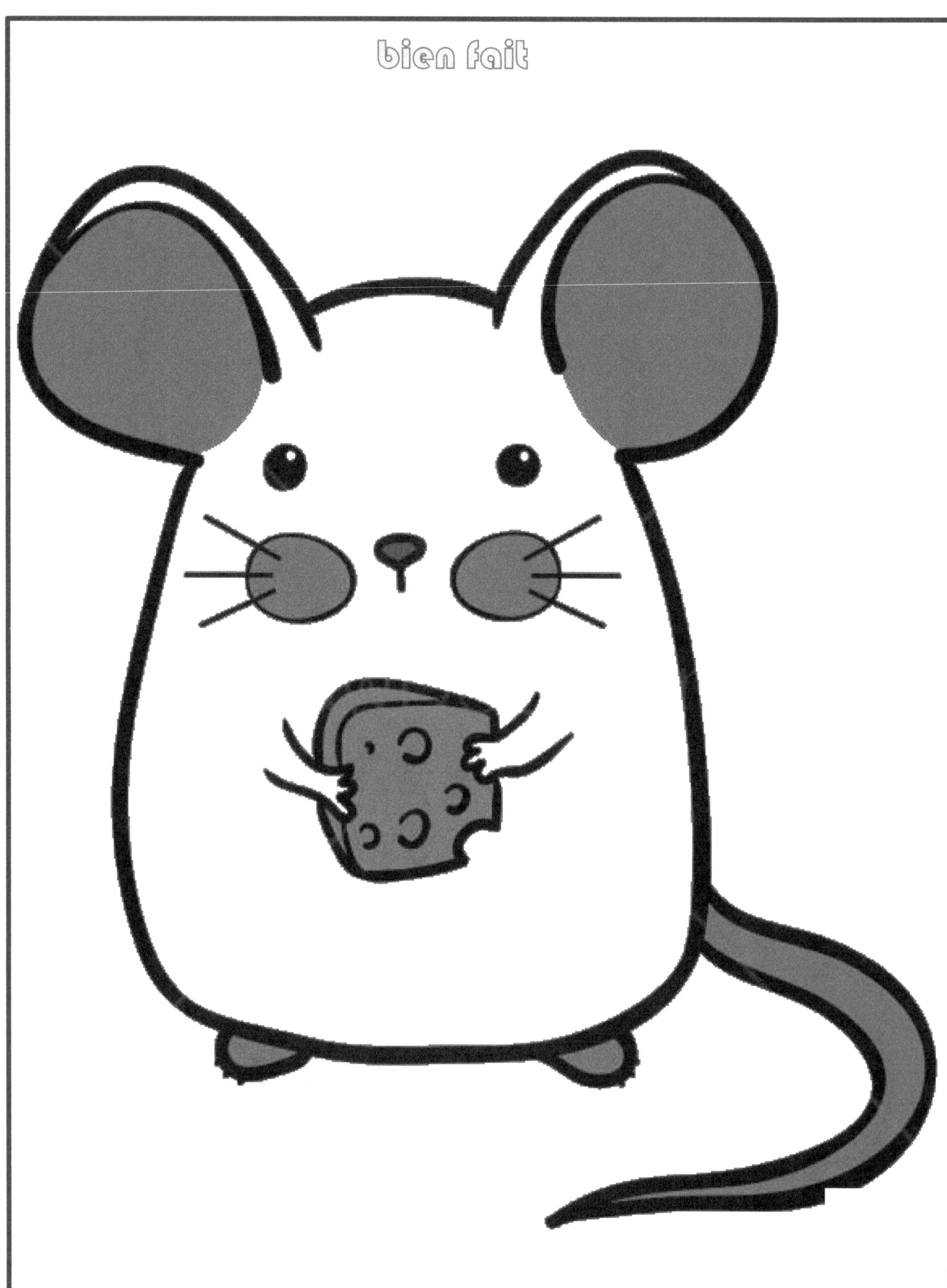

NOUS DESSINONS

Pikachu CHIBI

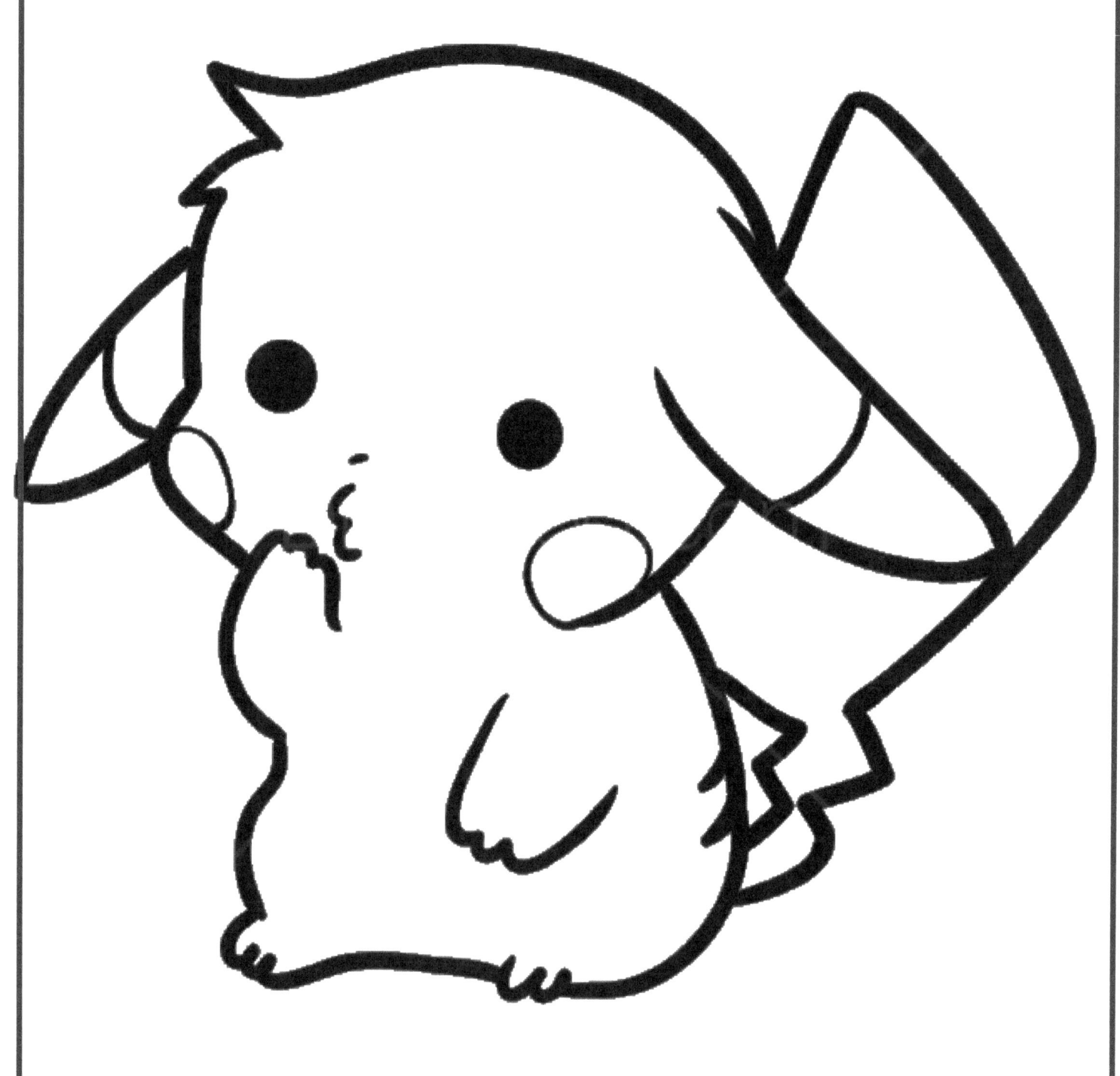

1 2

3 4

5 6

bien fait

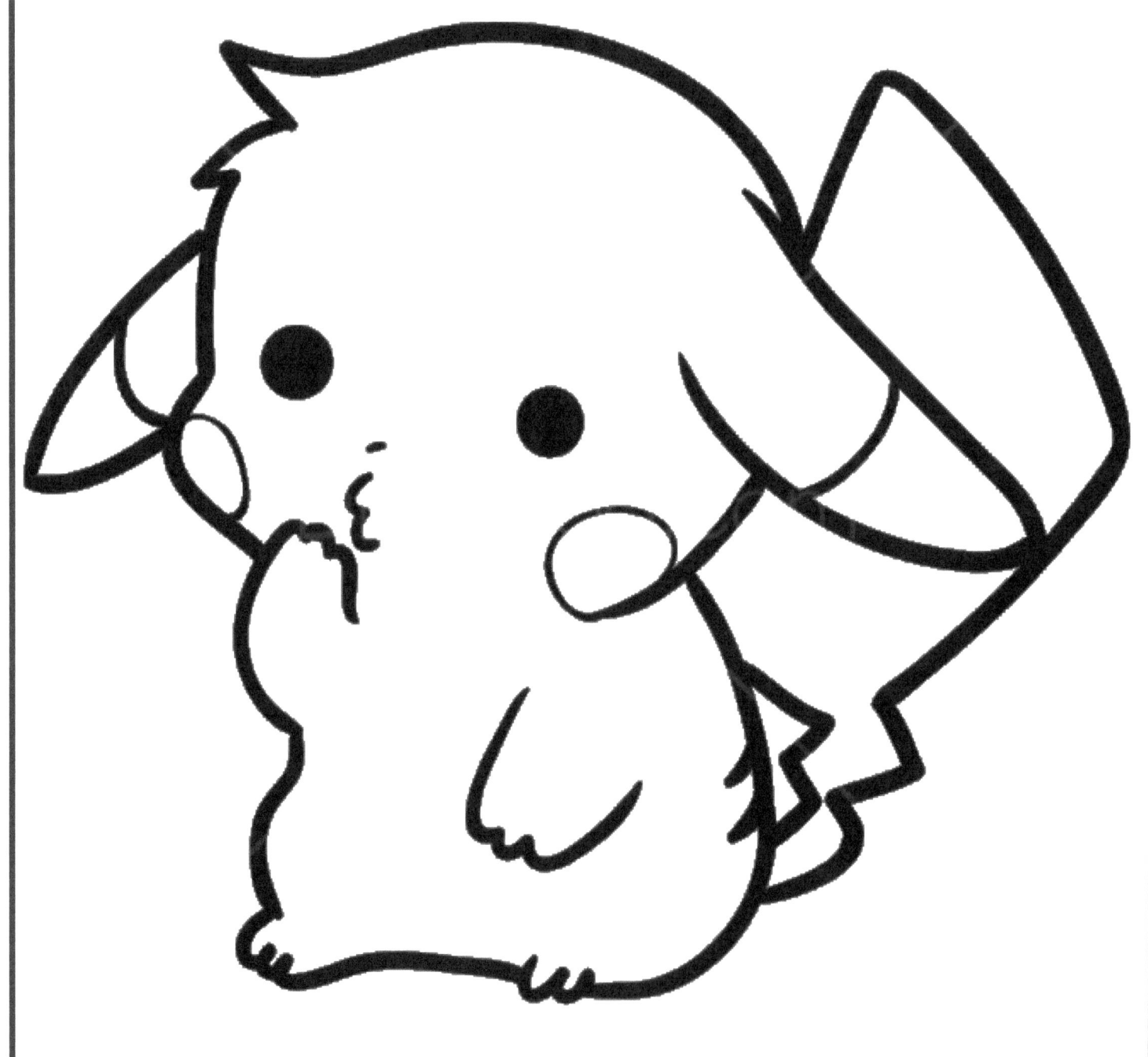

NOUS DESSINONS

ANIME CHIBI

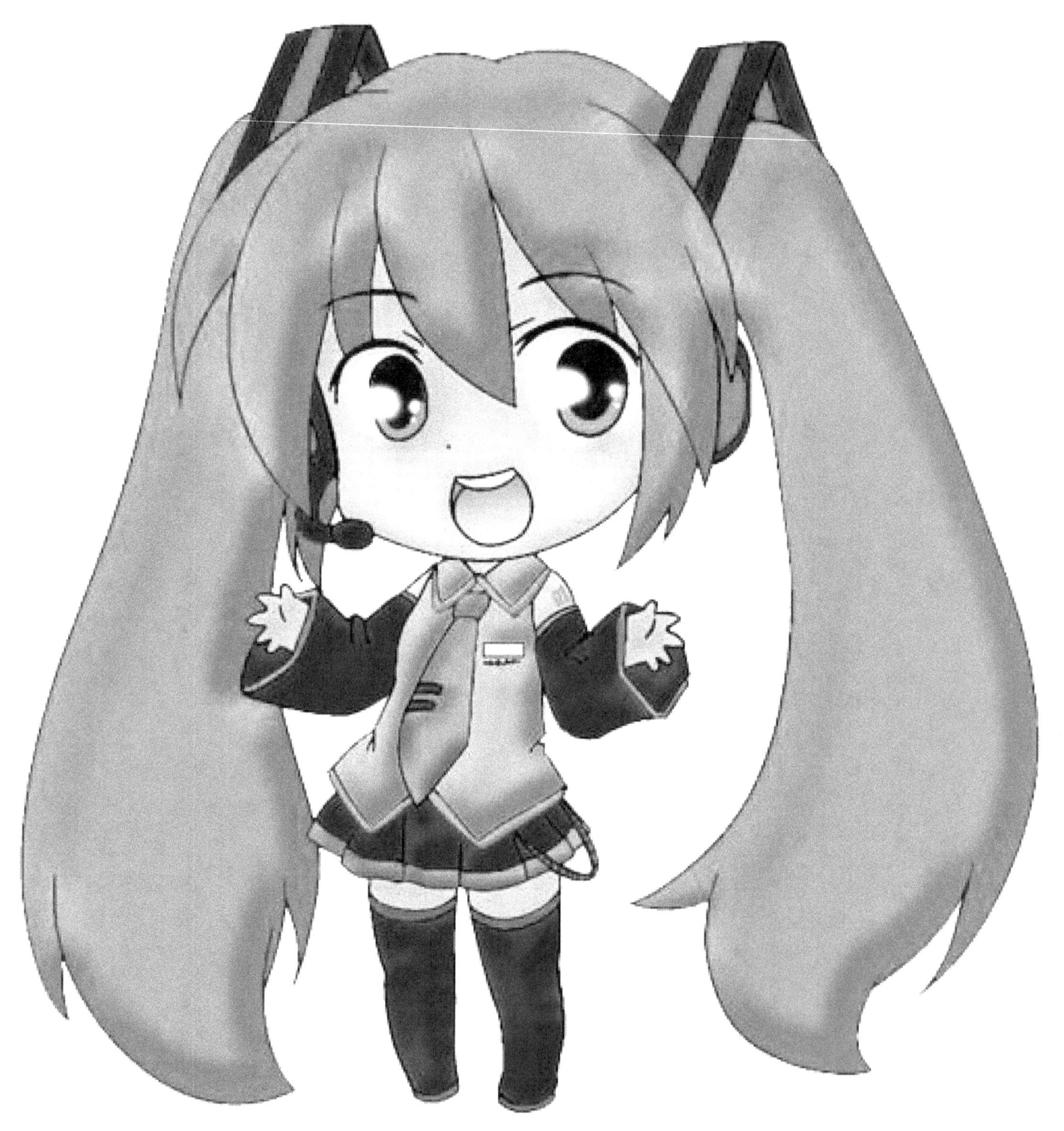

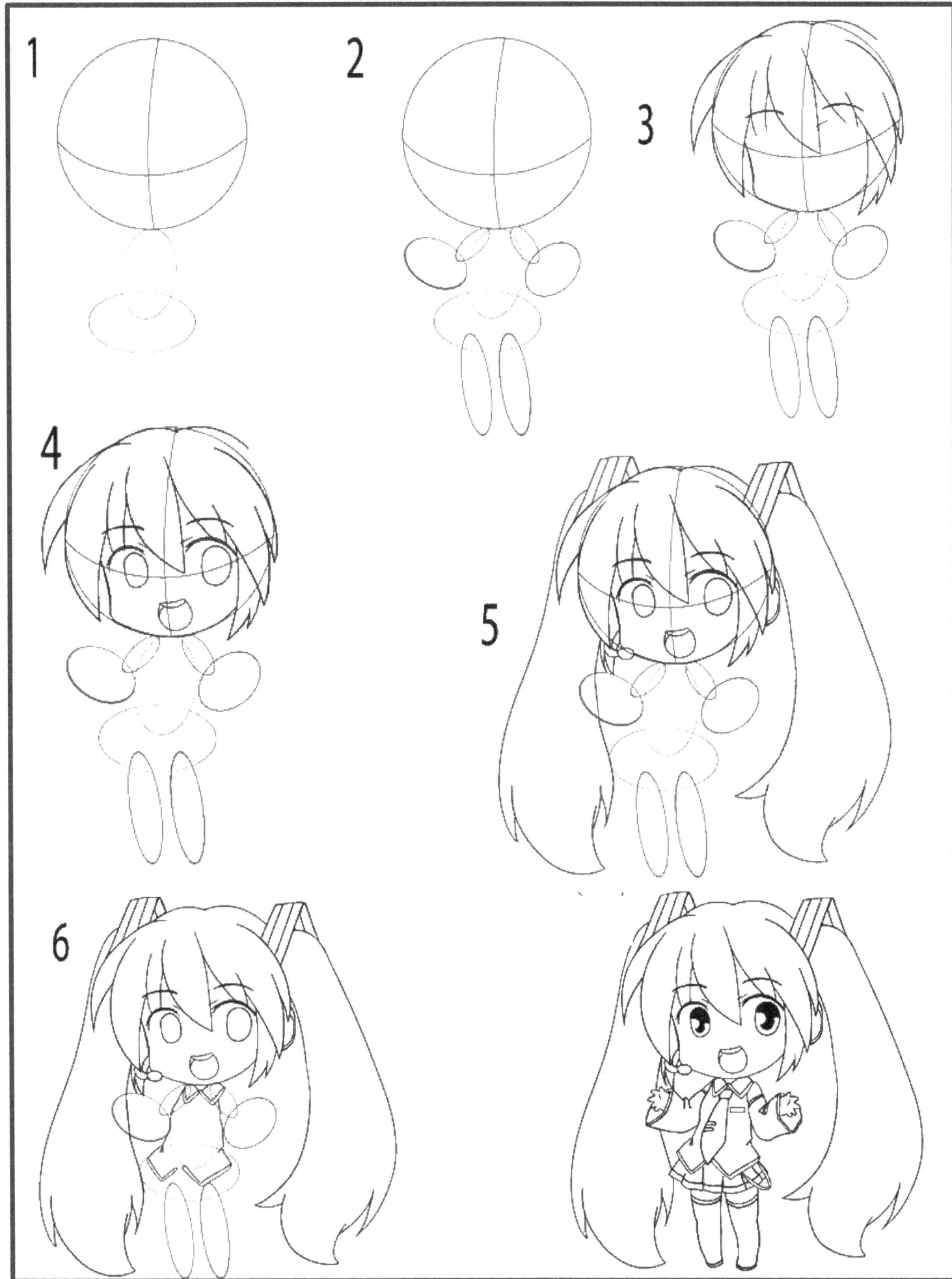

bien fait

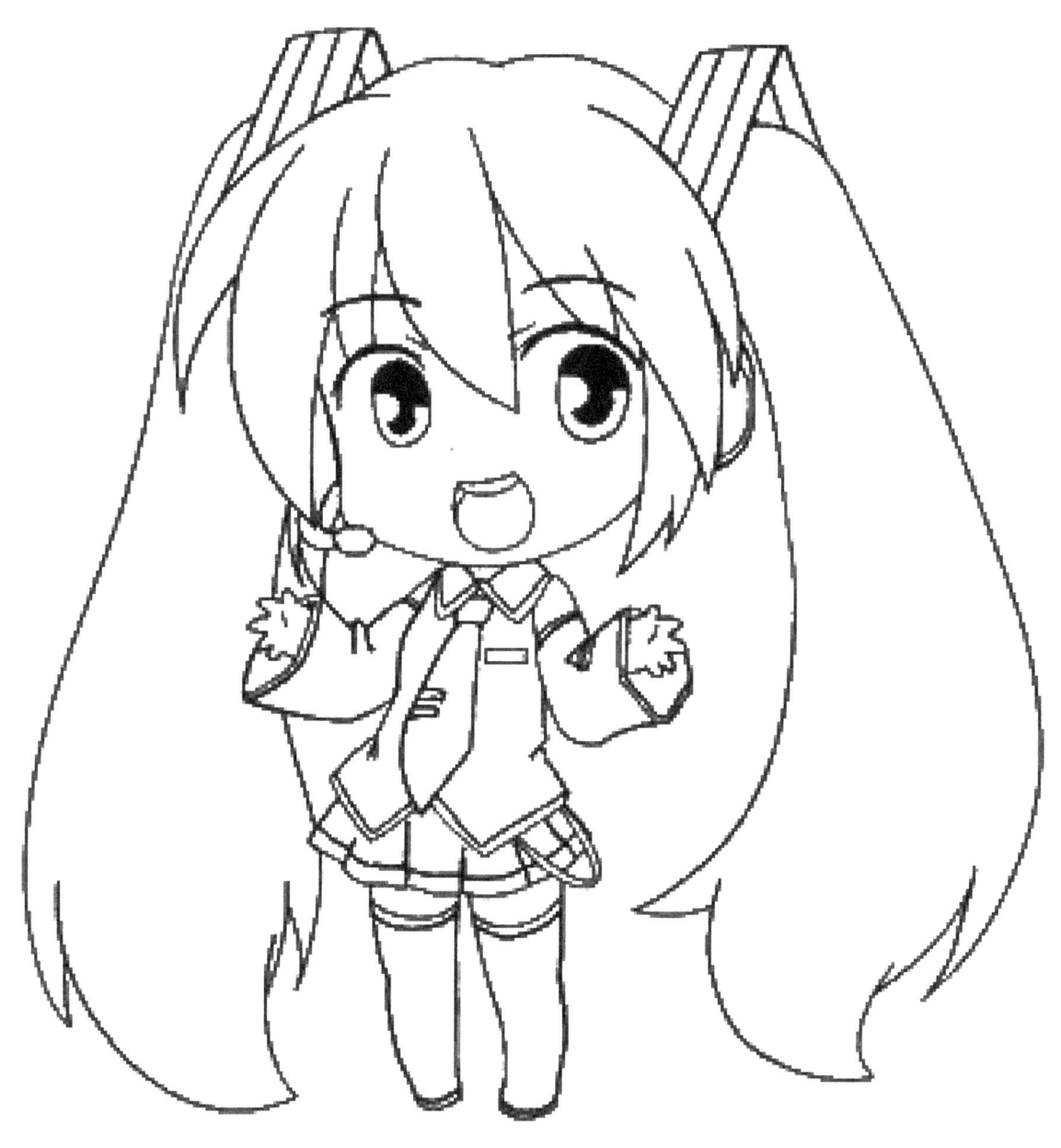

NOUS DESSINONS

Dinosaur

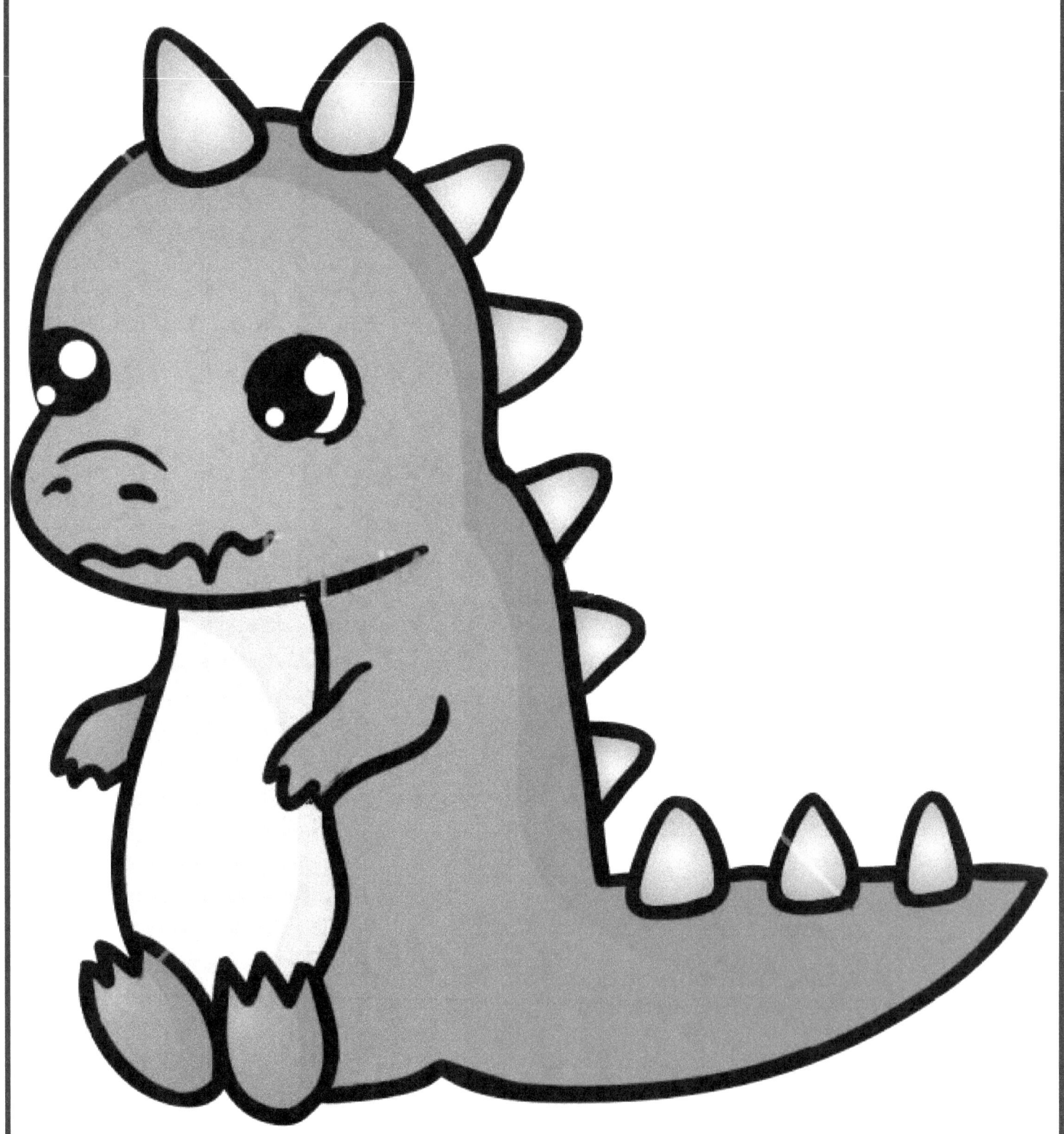

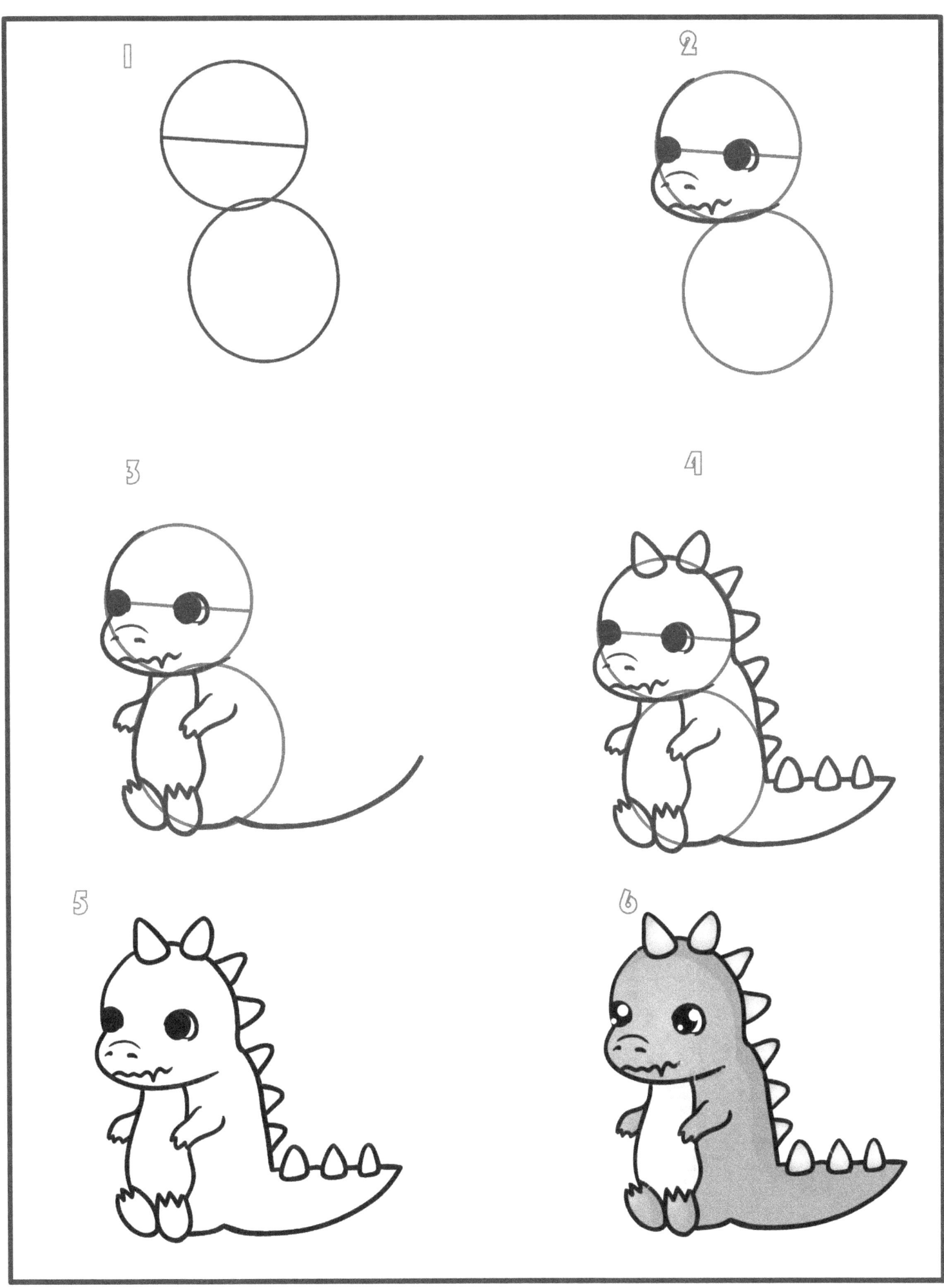

bien fait

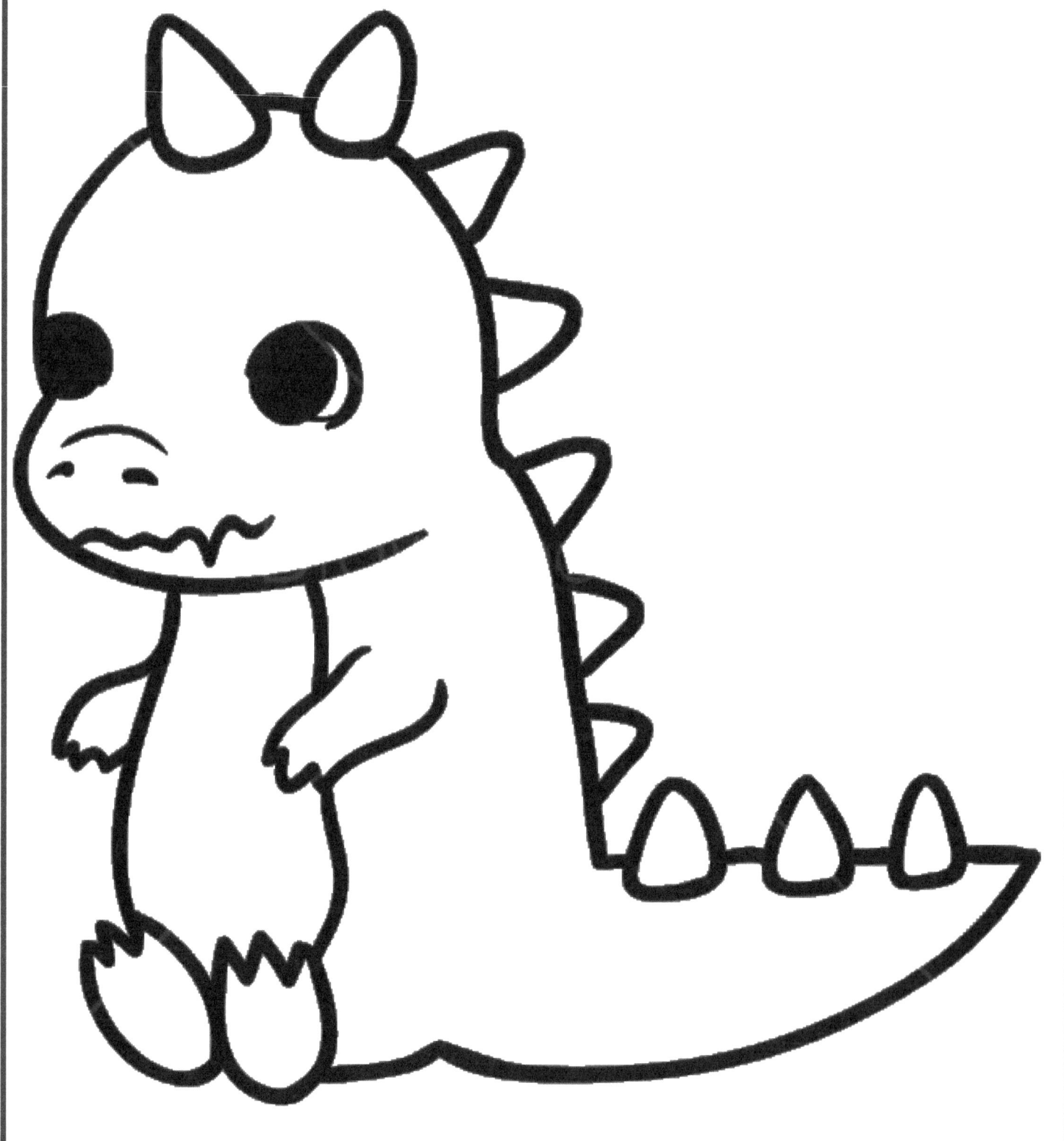

NOUS DESSINONS

bunny

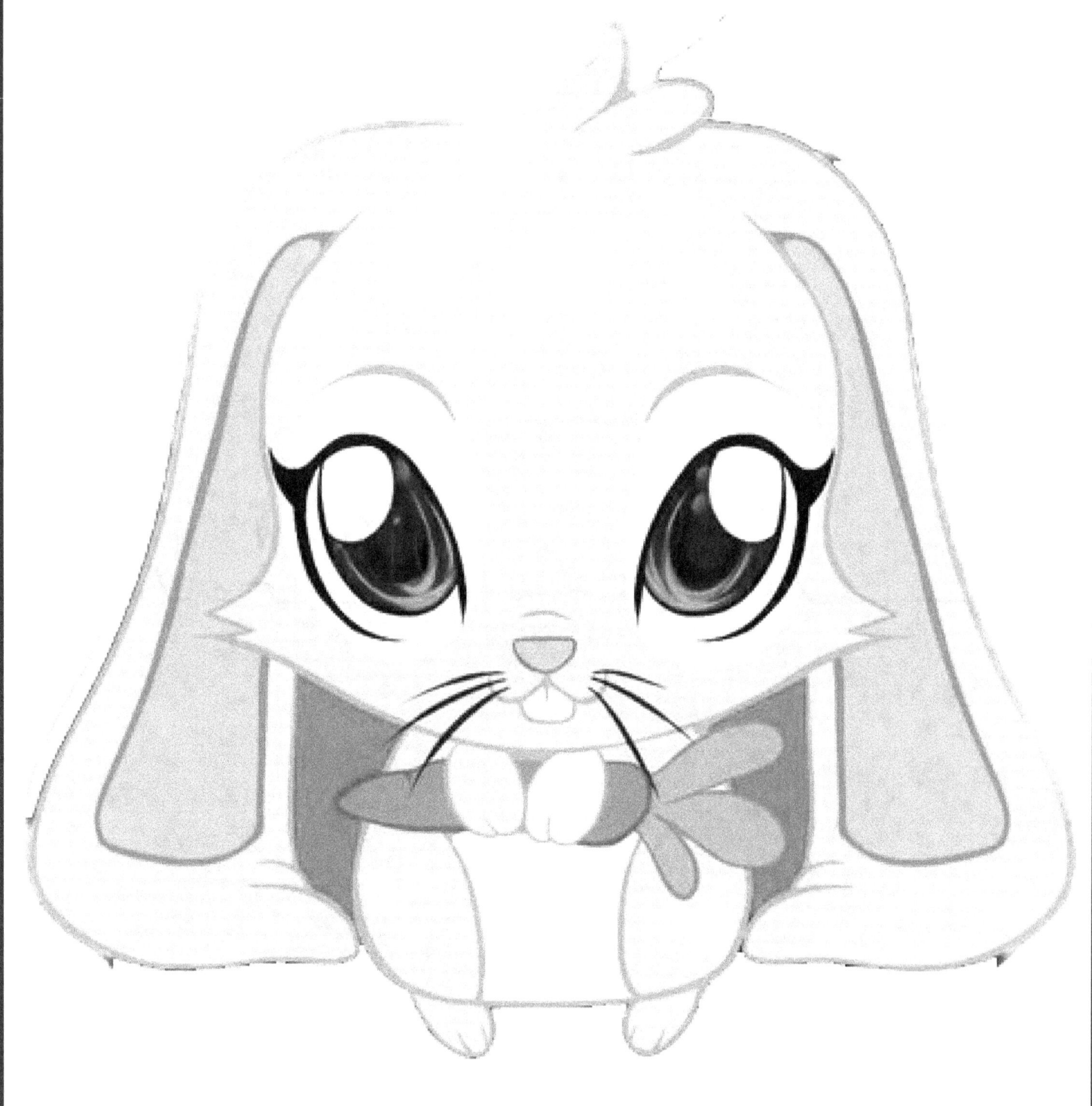

1 2 3 4 5 6

bien fait

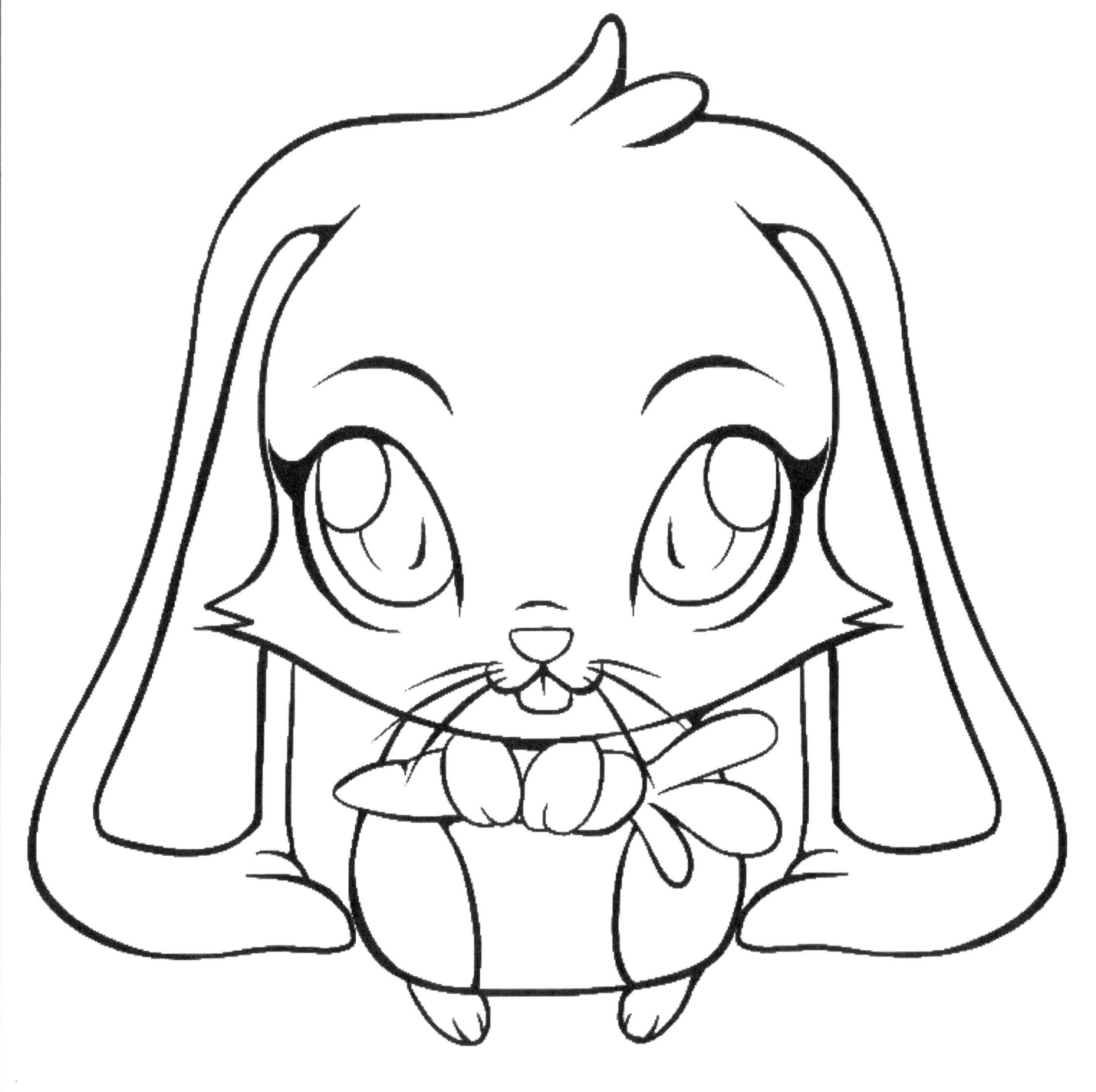

NOUS DESSINONS

panda

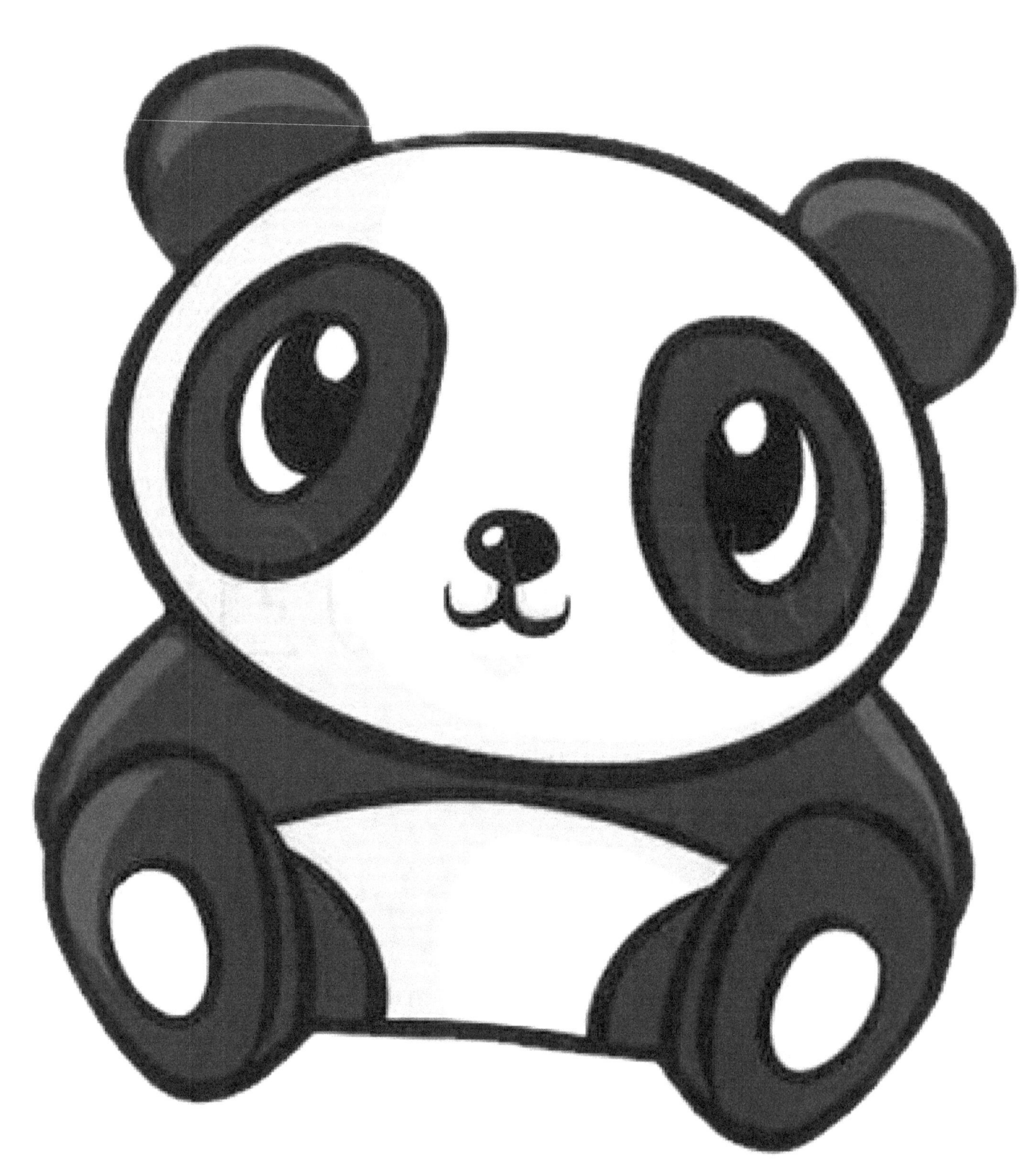

1
2
3
4
5
6

bien fait

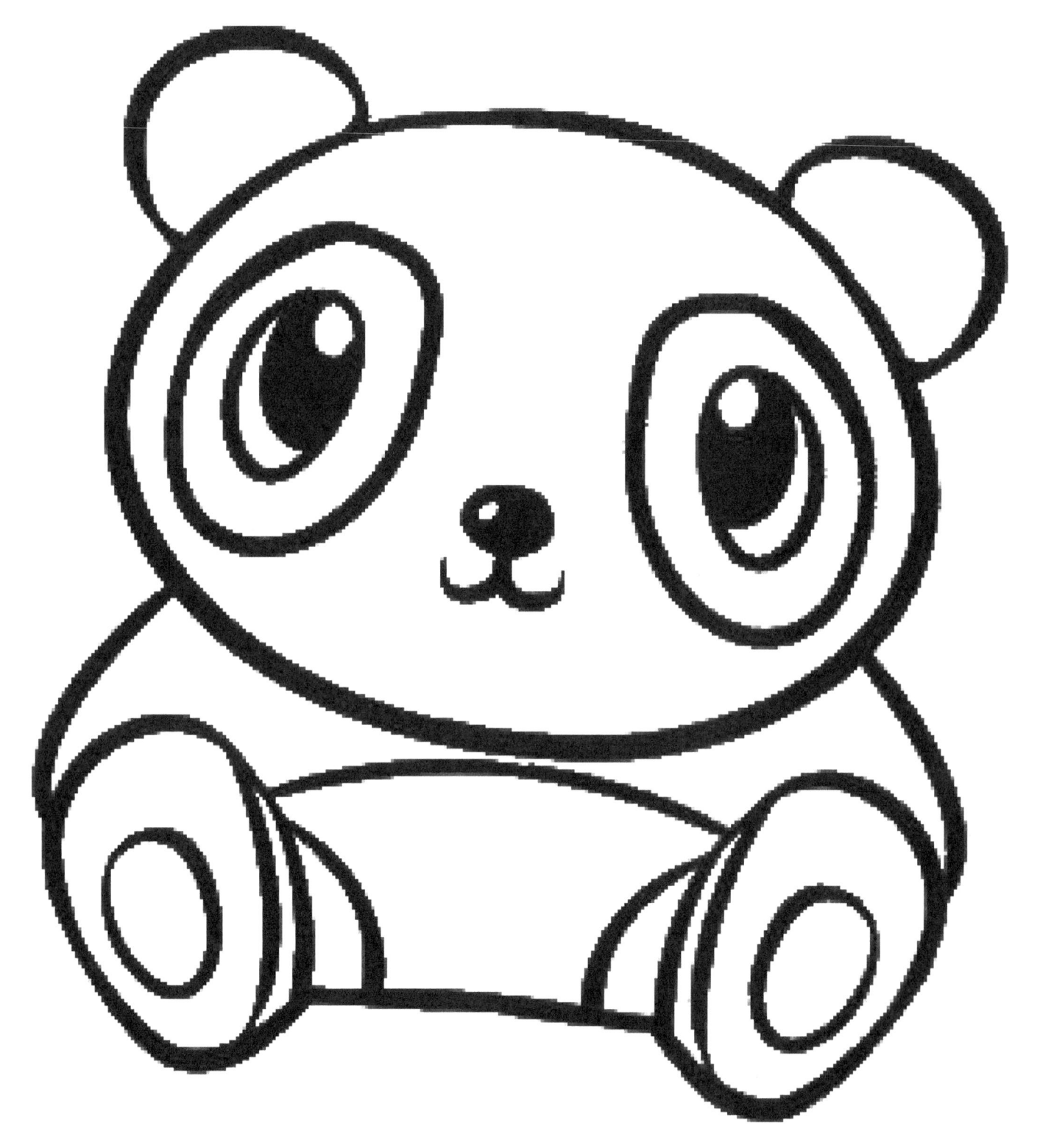

NOUS DESSINONS

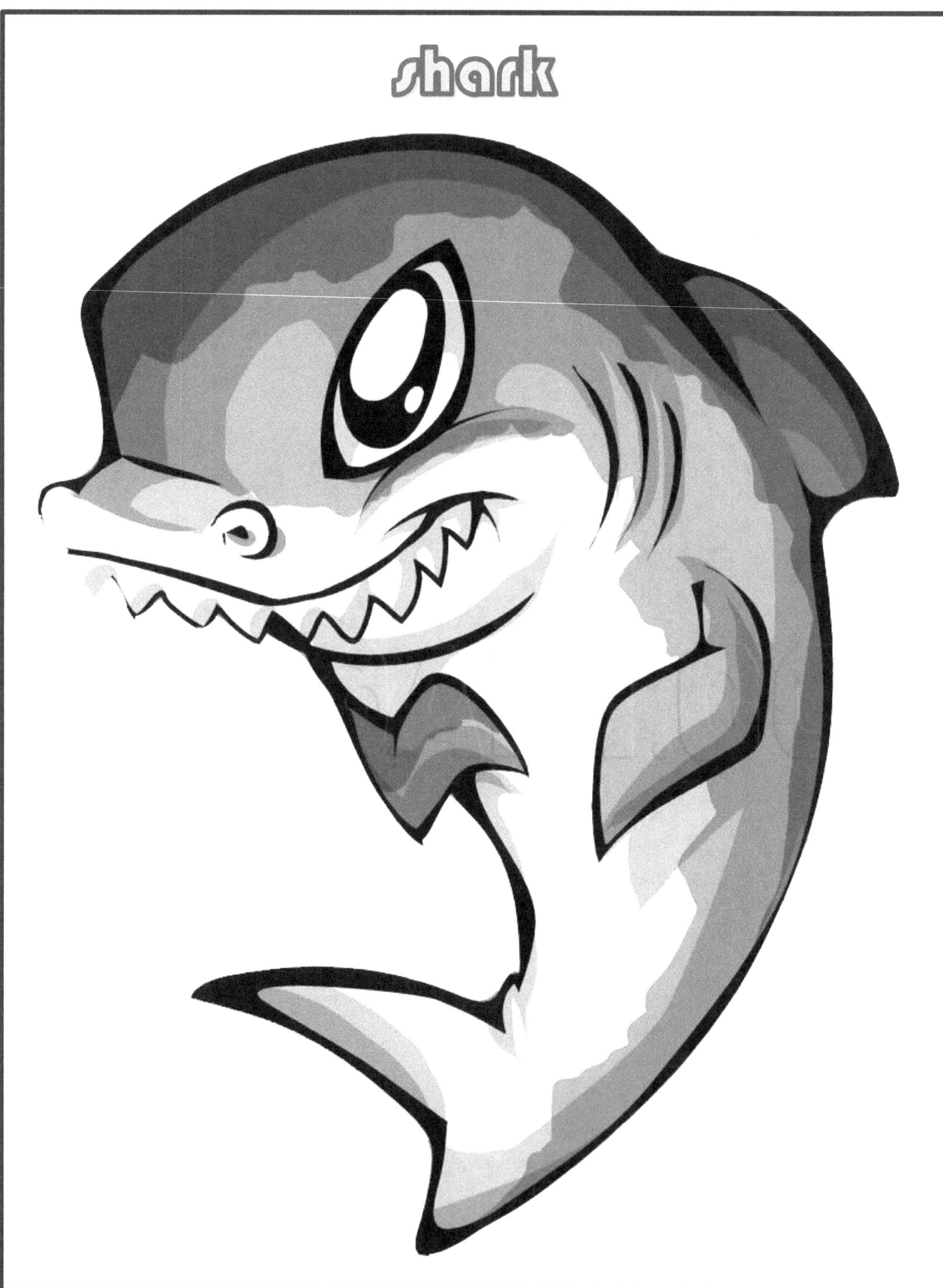

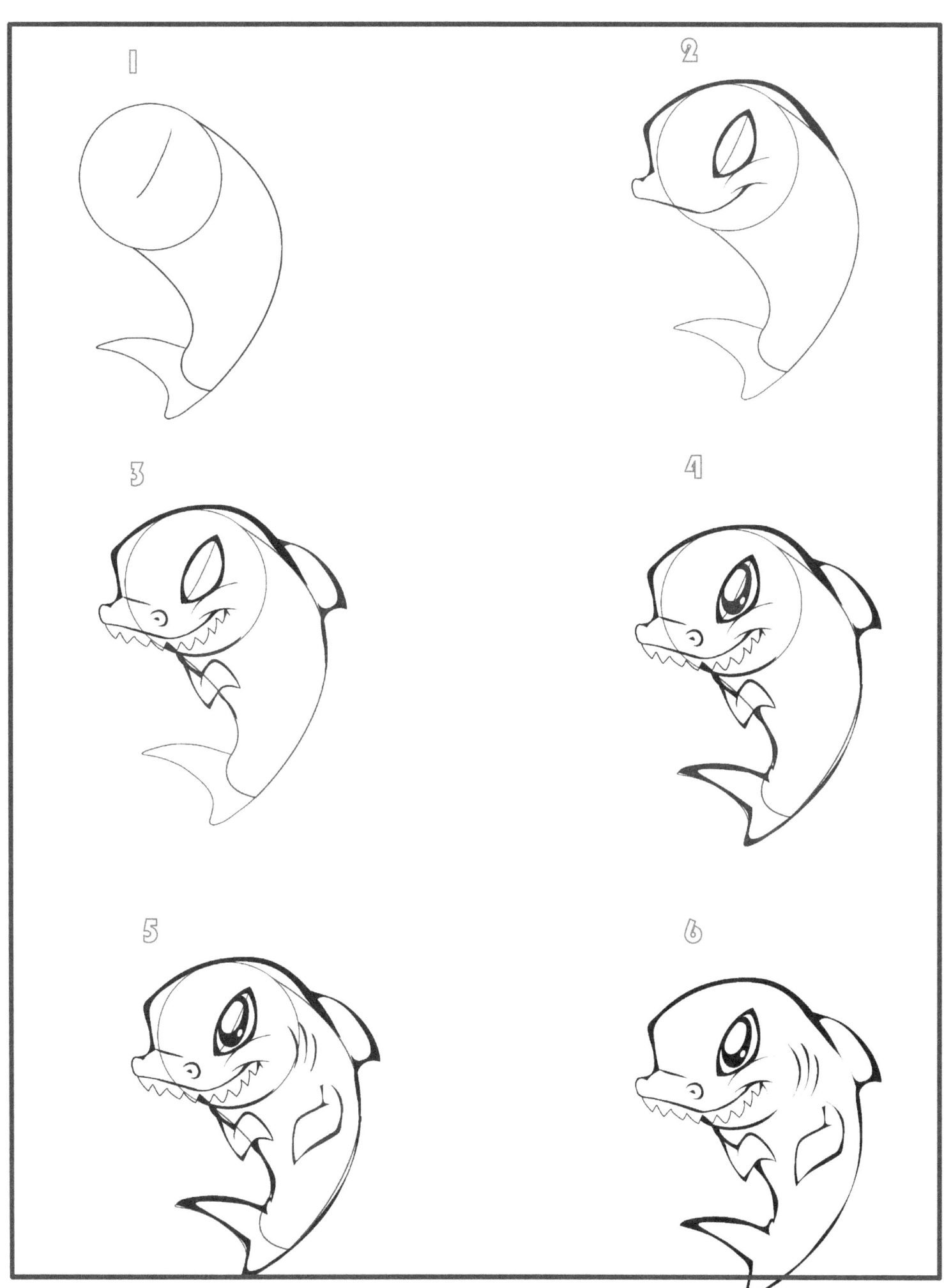

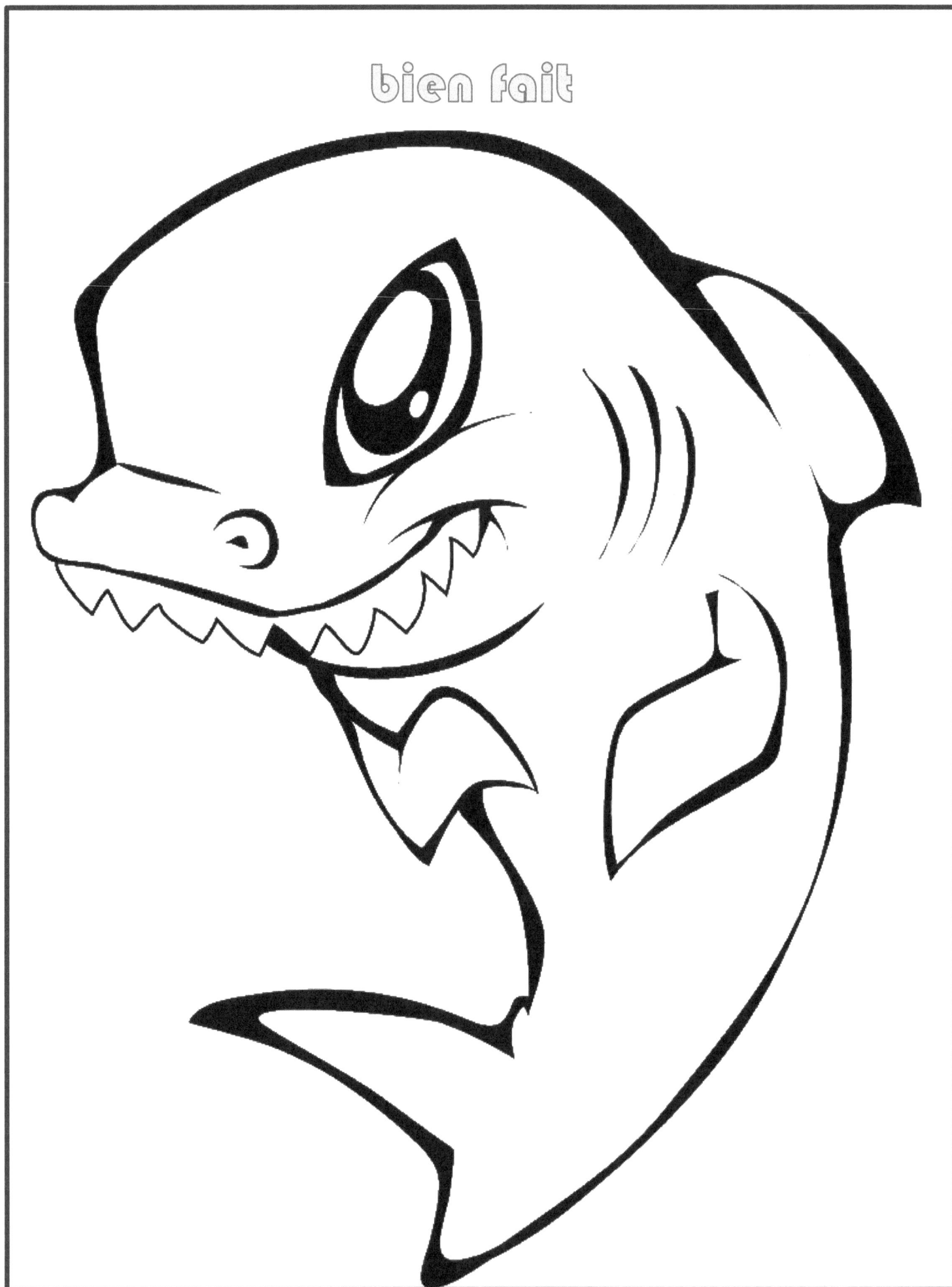

hello-kitty

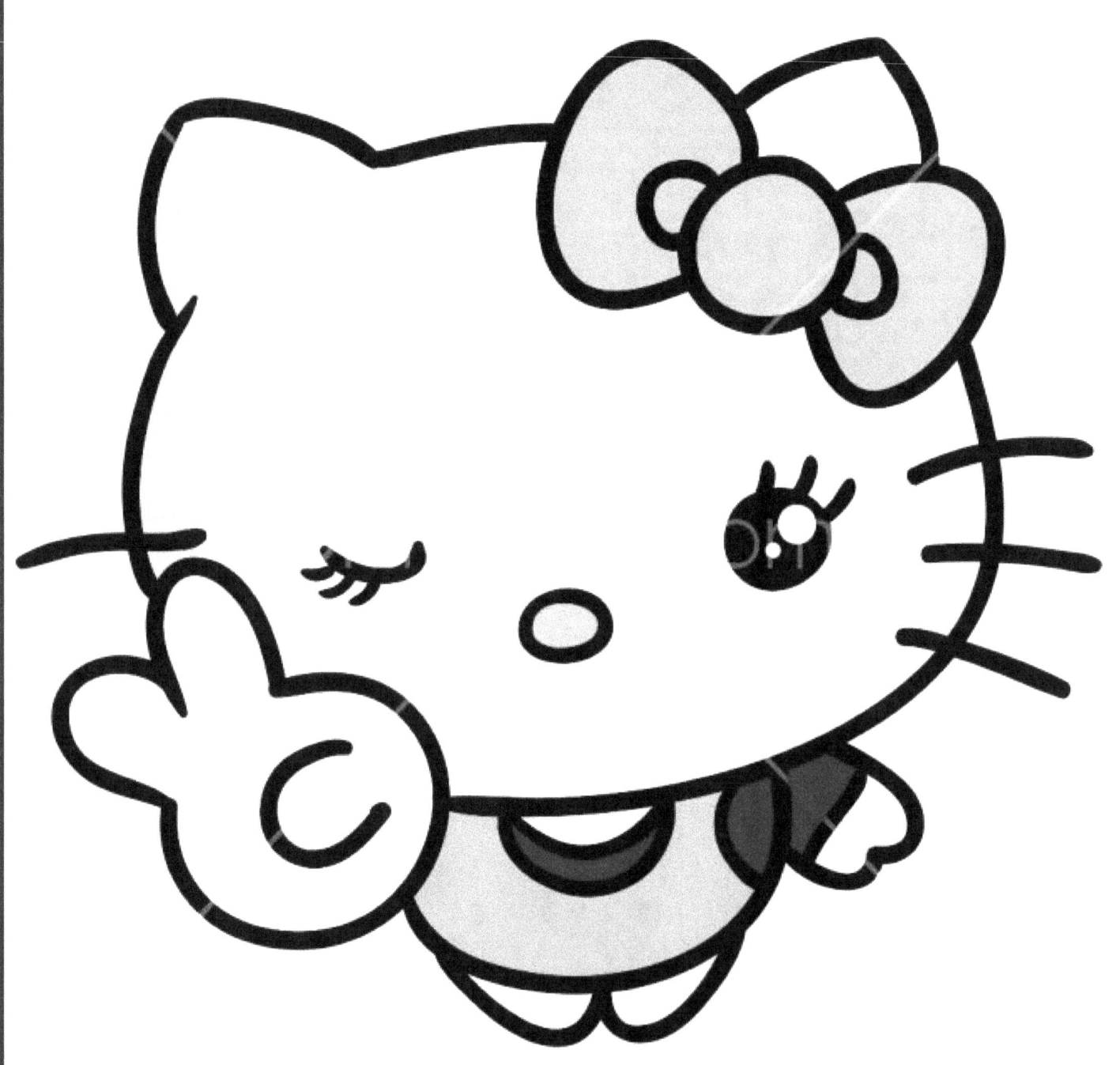

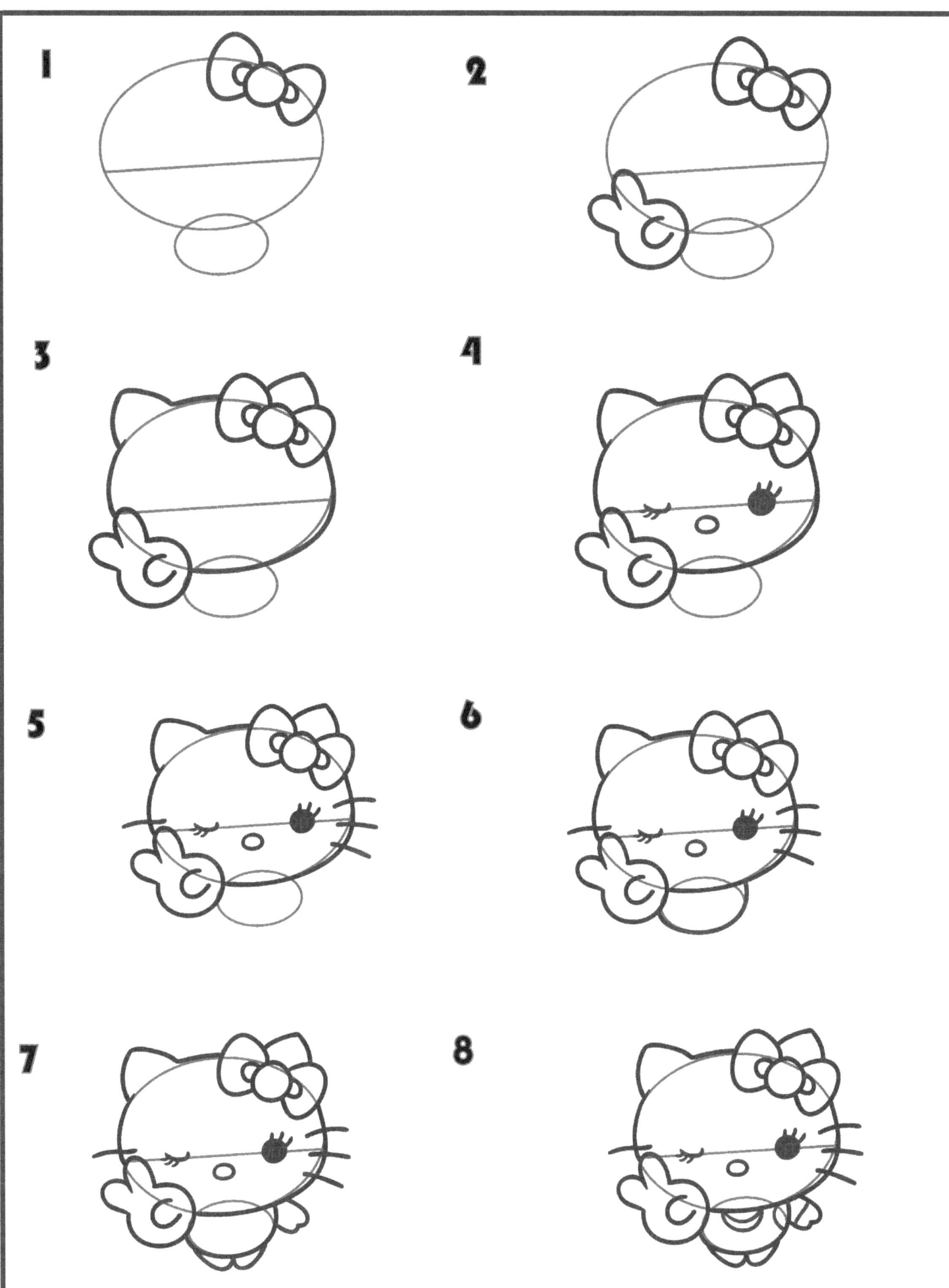

bien fait

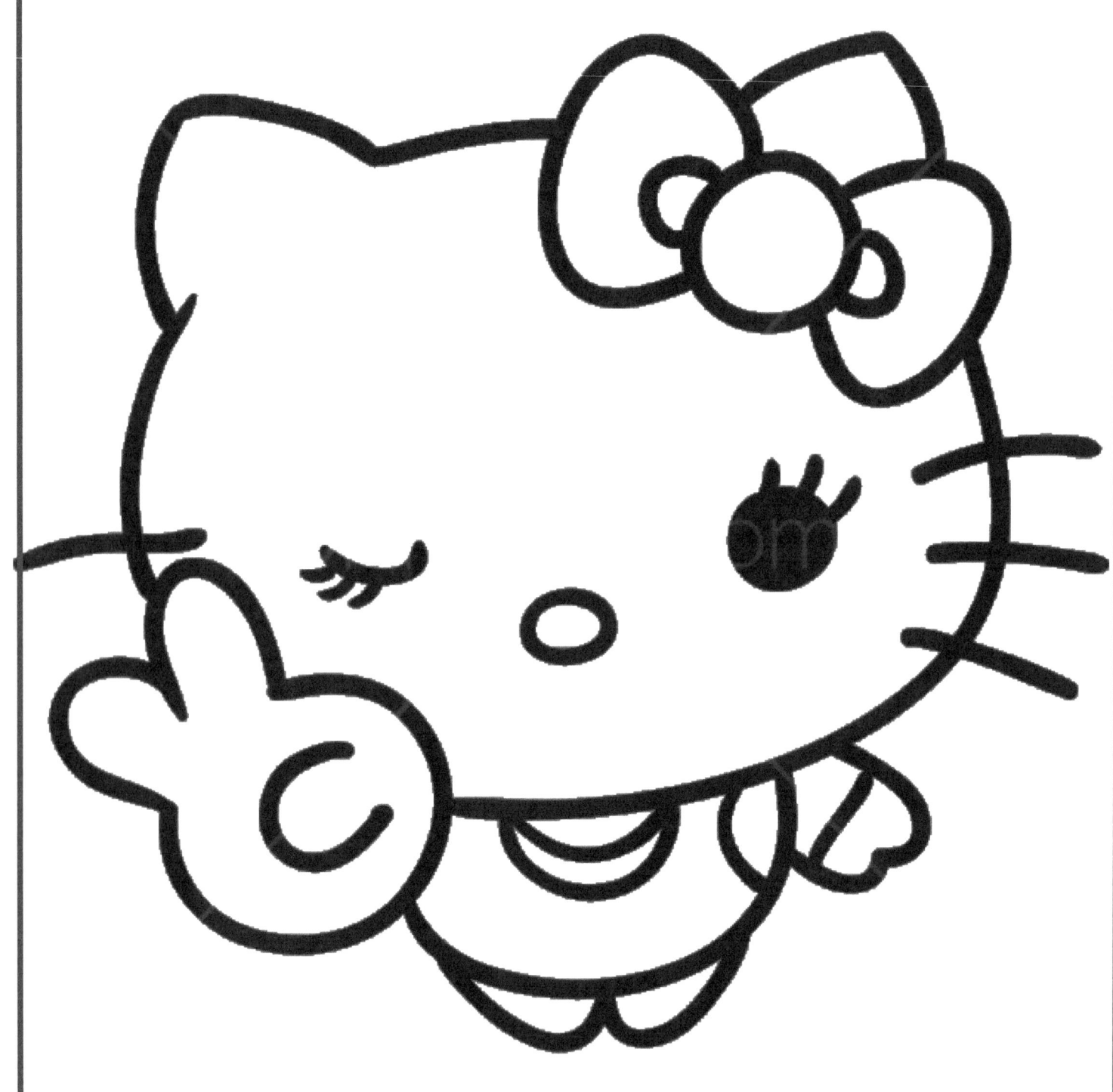

NOUS DESSINONS

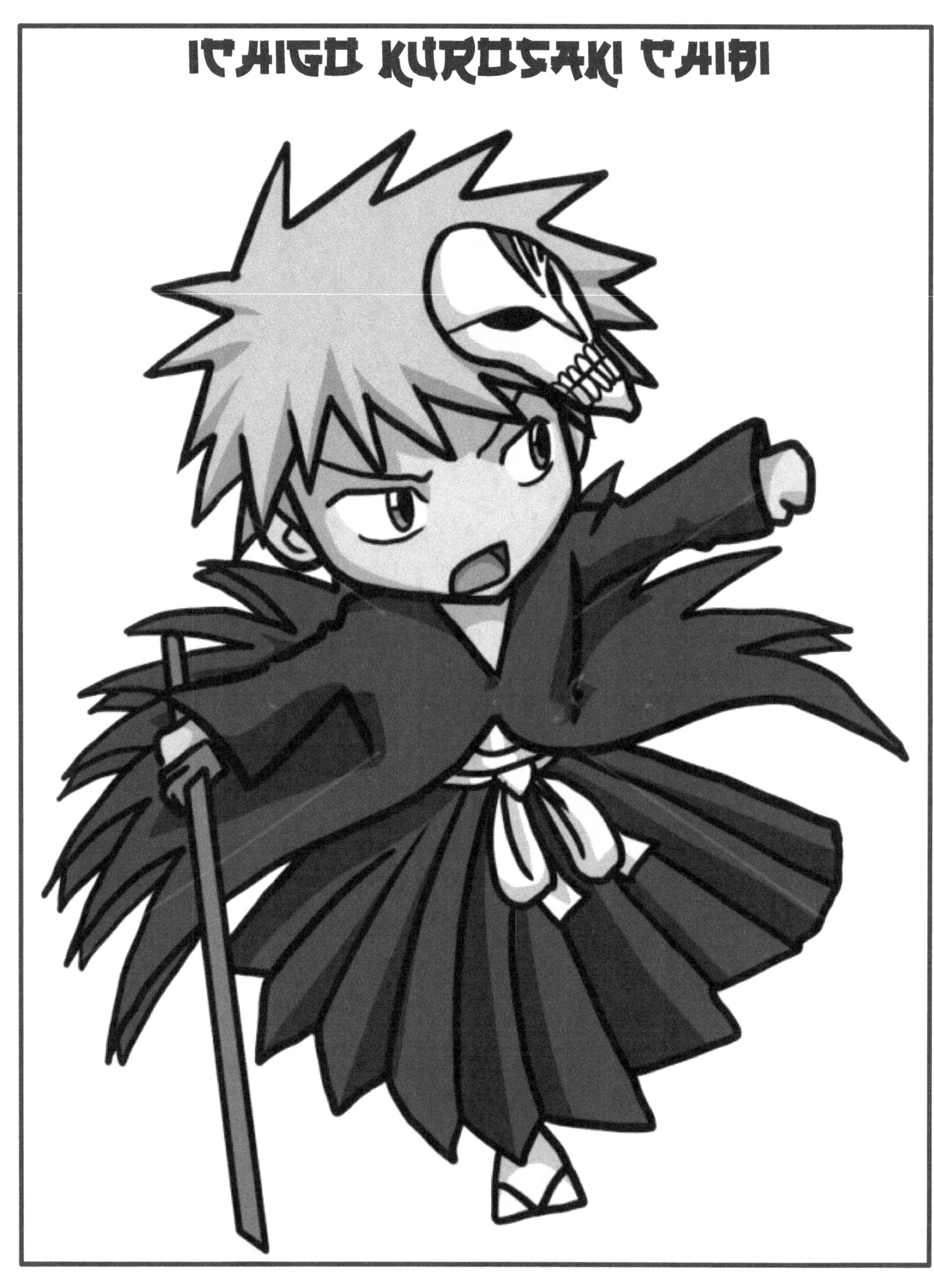

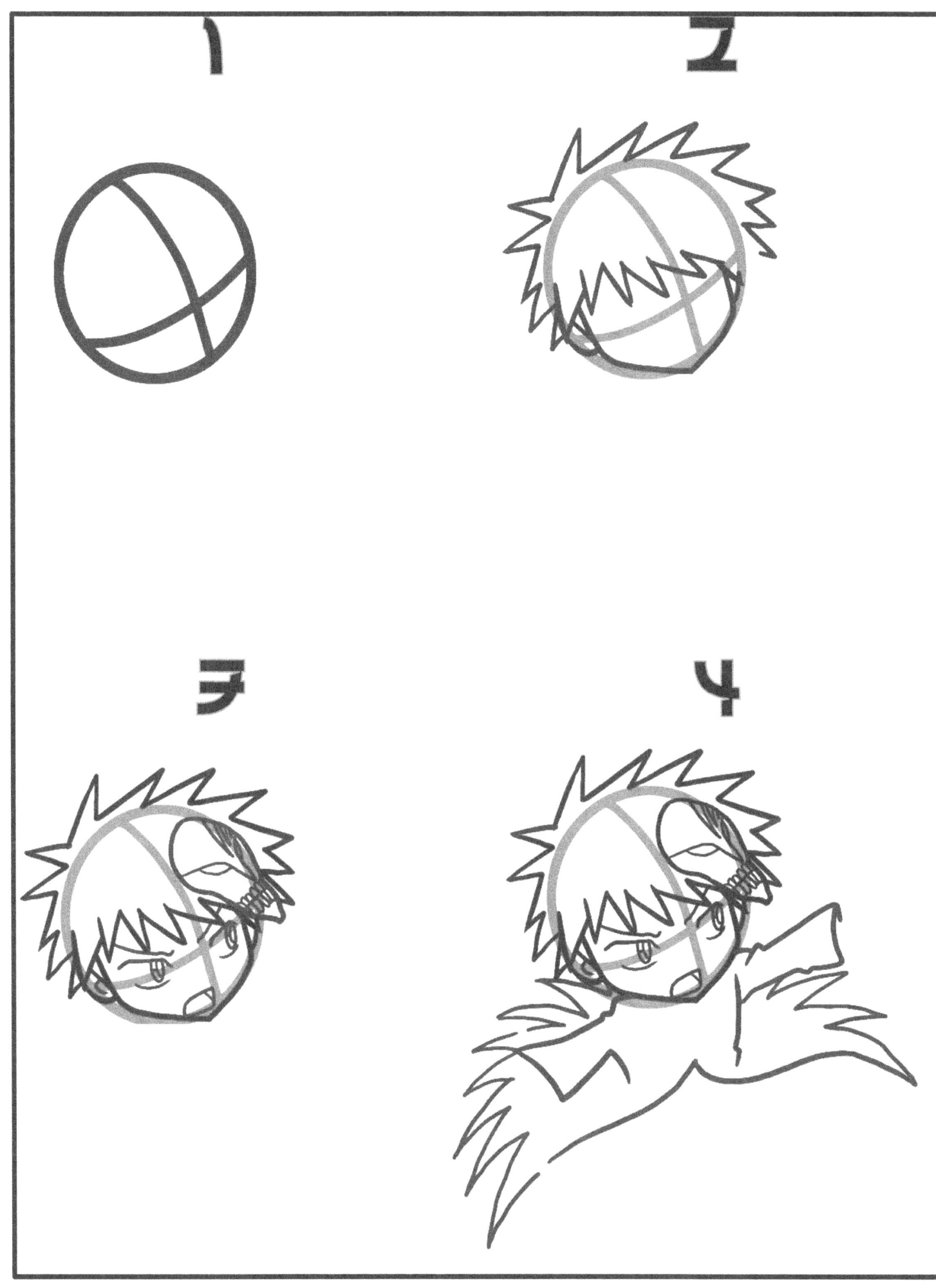

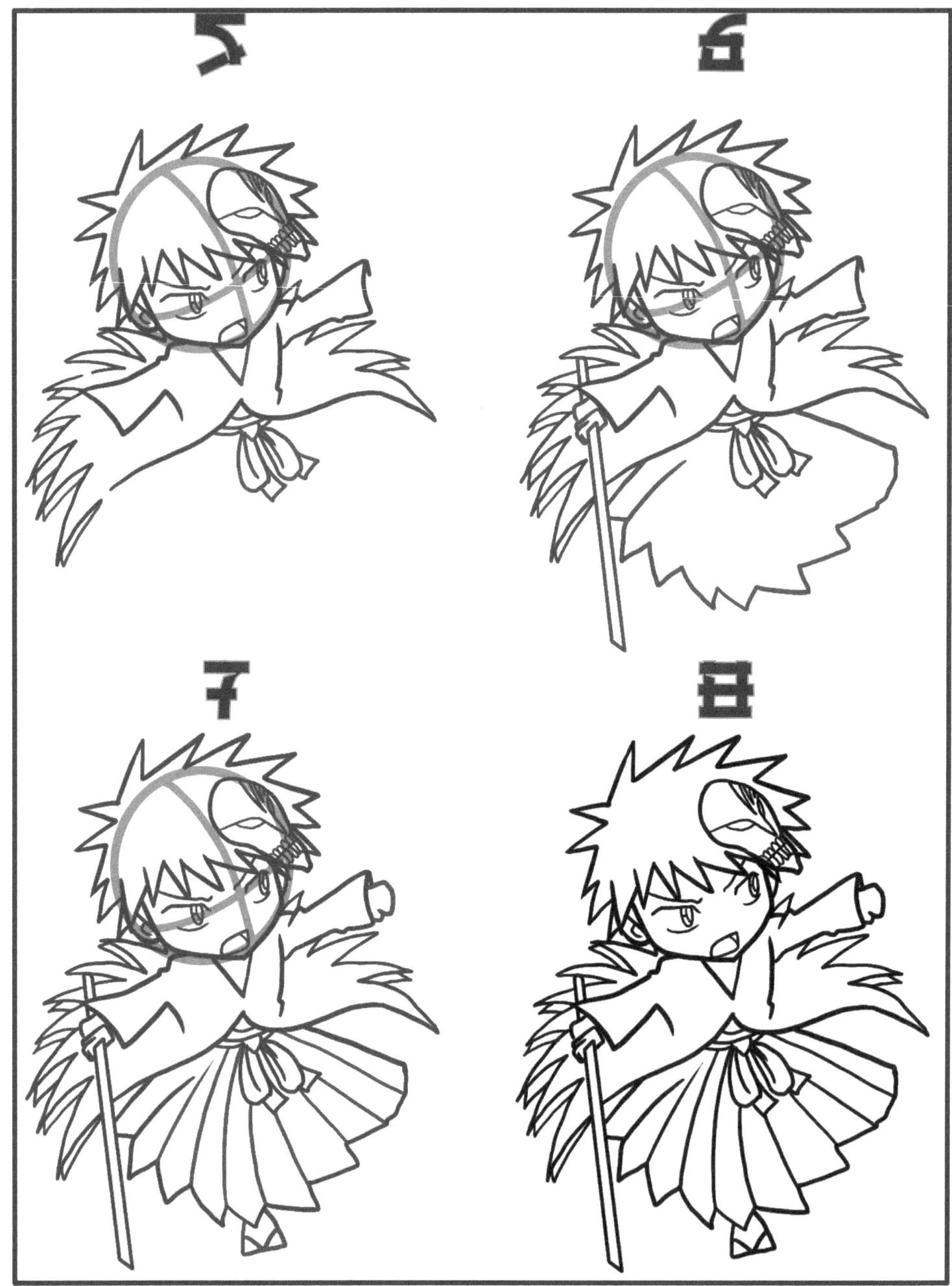

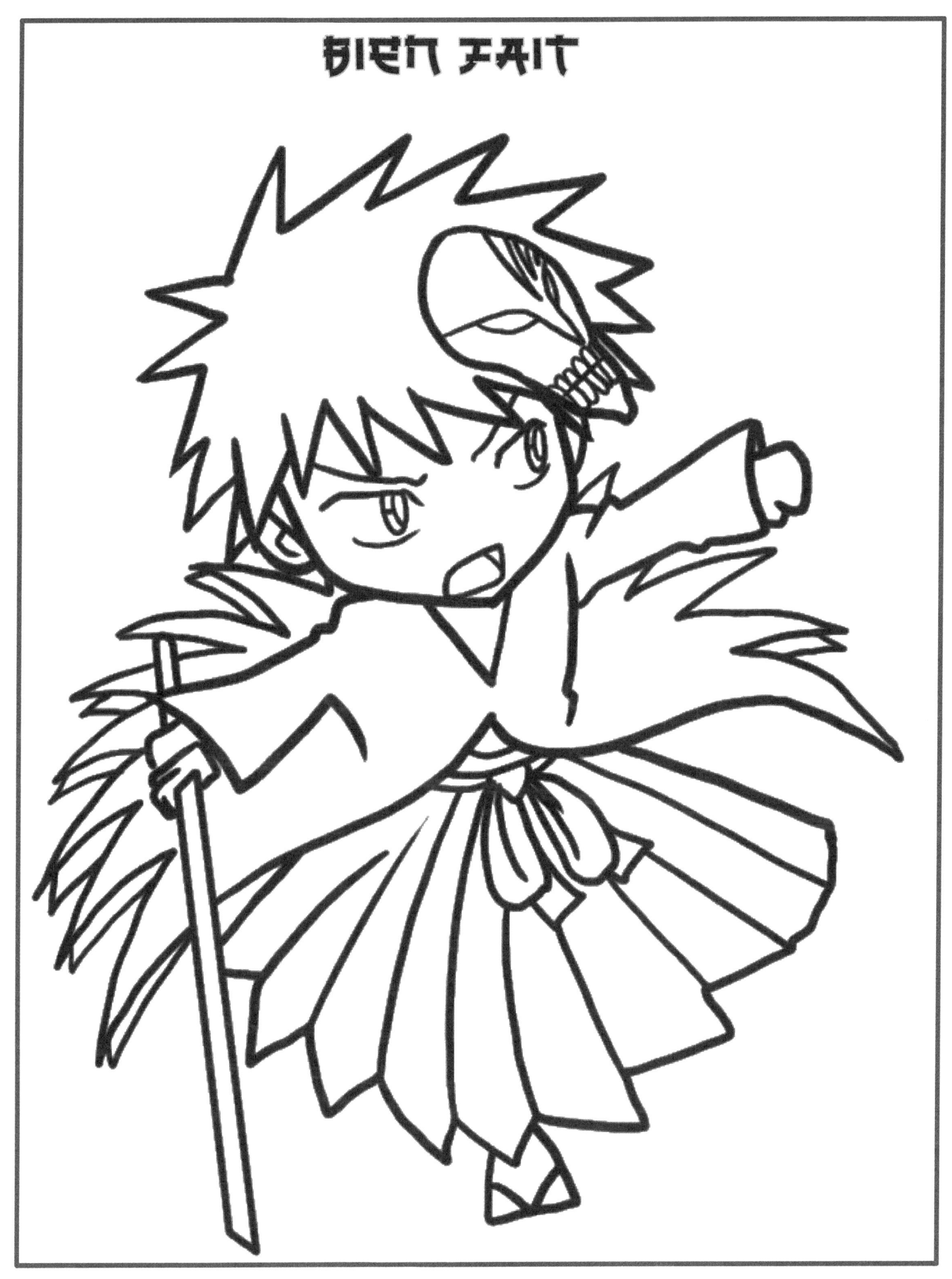

NOUS DESSINONS

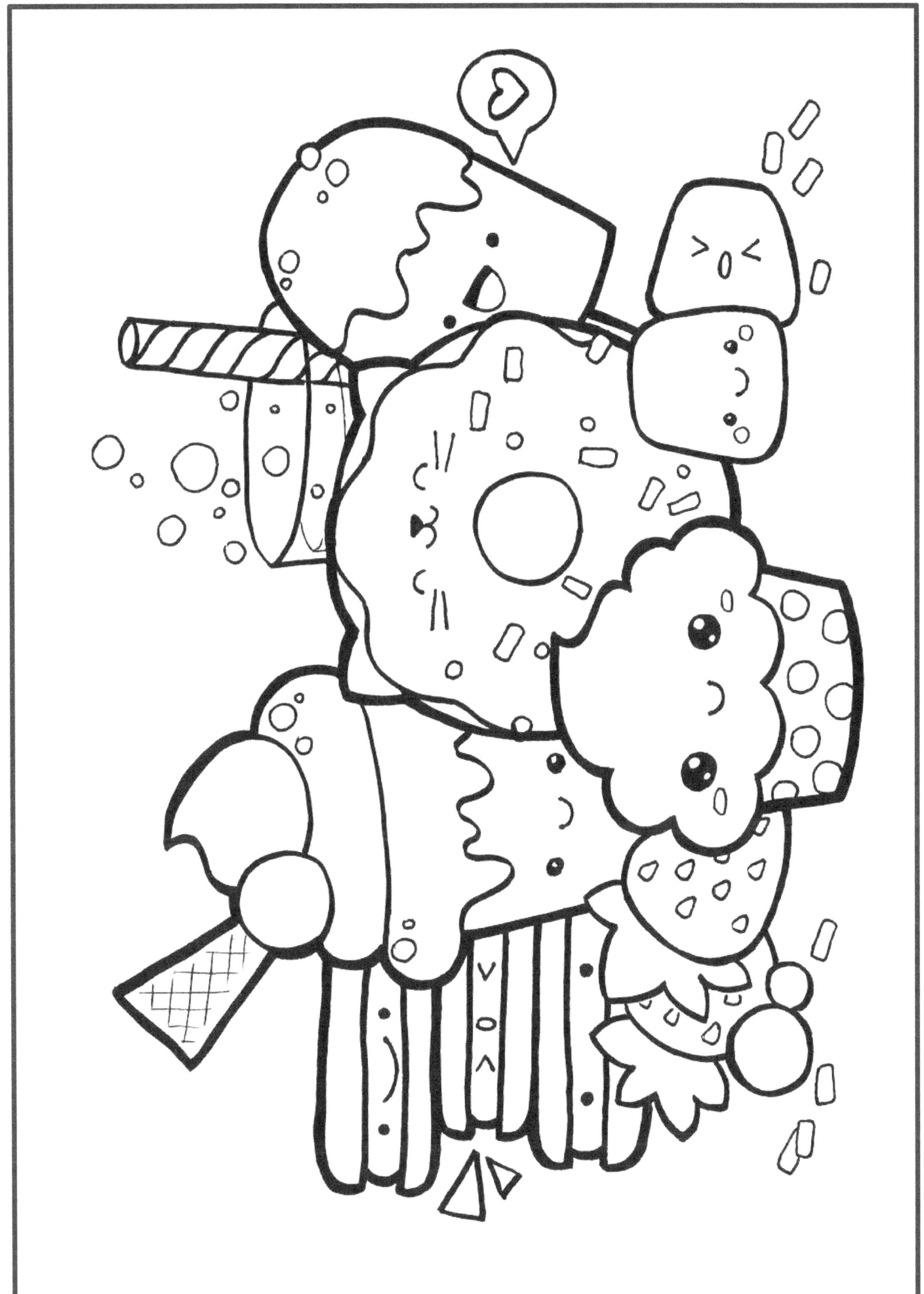

✓ Merci d'avoir acheté cette copie. Nous espérons que vous avez apprécié chaque page de ce livre. N'oubliez pas de partager votre avis avec nous sur Amazon

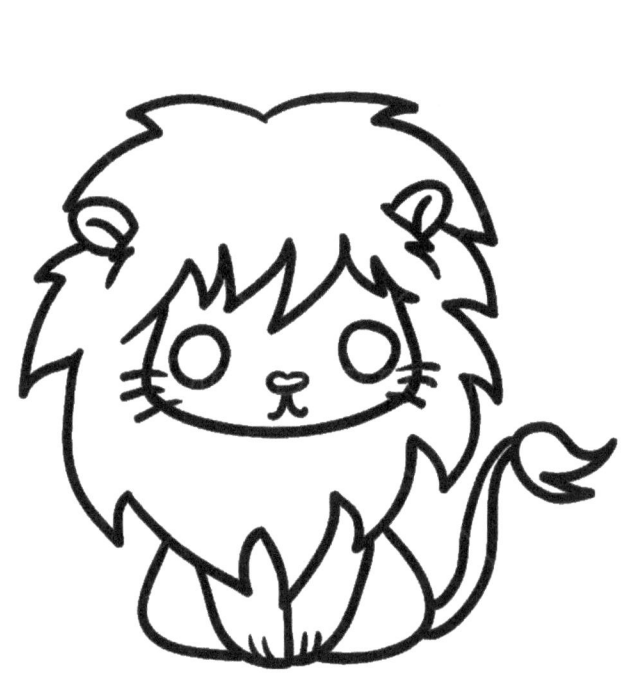
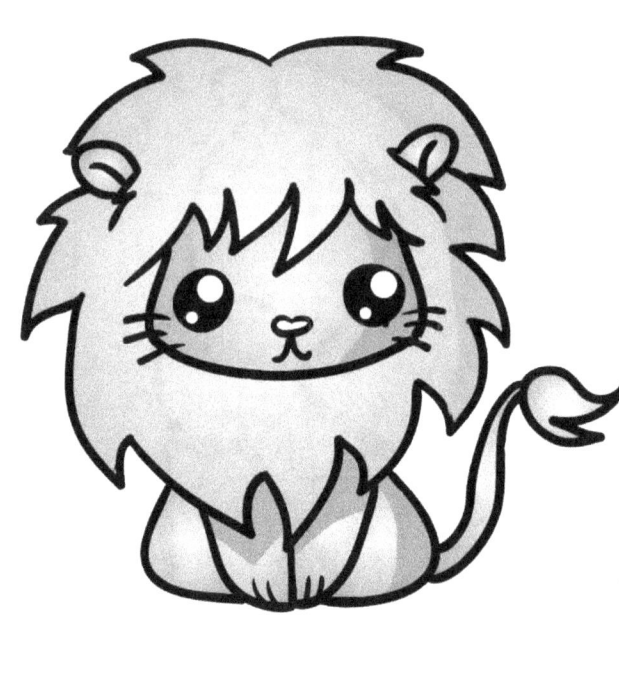

www.ingramcontent.com/pod-product-compliance
Lightning Source LLC
Chambersburg PA
CBHW060421220526
45465CB00008B/2965